ESTUDOS SOBRE TRIBUTAÇÃO EMPRESARIAL E OUTROS ESCRITOS

ESTUDOS SOBRE TRIBUTAÇÃO EMPRESARIAL E OUTROS ESCRITOS

António Martins
Maria Alves Graça

ALMEDINA

ESTUDOS SOBRE TRIBUTAÇÃO EMPRESARIAL E OUTROS ESCRITOS

AUTORES
António Martins
Maria Alves Graça

EDITOR
EDIÇÕES ALMEDINA, S.A.
Avenida Emídio Navarro, 81, 3D
3000-151 Coimbra
Tel.: 239 851 904 · Fax: 239 851 901
www.almedina.net · editora@almedina.net

PAGINAÇÃO
EDIÇÕES ALMEDINA, S.A.

DESIGN DE CAPA
FBA.

IMPRESSÃO E ACABAMENTO

Março, 2023

ISBN
978-989-40-1123-1

DEPÓSITO LEGAL

ALMEDINA | GRUPOALMEDINA

Às nossas famílias

ÍNDICE

NOTA DE APRESENTAÇÃO

As questões fiscais suscitam intensos debates político-ideológicos e exigem escolhas entre diversas opções possíveis para lidar com certos problemas que influem nos interesses das organizações empresariais e nos objetivos dos Estados. Os legisladores, os governos, as empresas, as autoridades tributárias, os tribunais, os consultores, e muitos outros interessados nesta temática debatem-se com a necessidade de acompanhar a mudança acelerada das normas tributárias, ela própria derivada da não menos rápida alteração da estrutura económica mundial. Esta, determinando novas realidades transacionais, de produção, de remuneração de fatores, de formas de financiamento e outras, impõe à fiscalidade uma atenção constante ao quadro económico que lhe subjaz.

Acresce a tudo isto que, no domínio da tributação empresarial, a base contabilística do lucro fiscal tem vindo a ser crescentemente influenciada por estimativas, previsões e juízos de valor. O que tem conduzido a um afastamento progressivo entre as regras contabilísticas e as normas fiscais quanto à tributação do rendimento empresarial.

O propósito deste livro, na parte em que apresenta estudos sobre fiscalidade, é o de tratar de temas que, assim se crê, são importantes para as entidades acima referidas.

O primeiro estudo, da autoria de Maria Alves Graça[1], centra-se na análise das potenciais dificuldades da aplicação do princípio de plena concorrência, no contexto dos preços de transferência, derivadas do impacto da pandemia da Covid-19. Pretende-se, pois, analisar quais os principais obstáculos que poderão surgir na aplicação do referido princípio na elaboração de dossiês de preços de transferência, num contexto em que a informação financeira disponível (*e.g.*, rendimentos, gastos, margens) foi afetada pela pandemia. No plano empírico, será realizada uma análise de comparabilidade ao setor automóvel e ao setor farmacêutico (tendo estes sido significativamente afetados) comparando, em ambos casos, os anos de 2019 e 2020. Essa análise será efetuada para os casos de Portugal e Espanha. Não existindo ainda um vasto número de estudos empíricos sobre esta temática no contexto da pandemia, e tendo a OCDE emitido recomendações a este respeito, julga-se que a análise reveste uma importância não despicienda para quem lida, na prática, com estas questões.

[1] As opiniões e análises expendidas em cada estudo ou escrito que consta deste livro apenas vinculam o respetivo autor(a). Por isso, em cada um deles está expressamente identificada a autoria.

O segundo estudo, da autoria de António Martins, explora algumas questões contabilístico-fiscais relativas a contratos de construção. O seu eixo analítico principal incide na ponderação de algumas vertentes da gestão orçamental; em especial nas estimativas de gastos e seu impacto no resultado fiscal.

Esta temática é de particular pertinência num tempo em que a inflação — fenómeno que há décadas não se conhecia com a intensidade que mostra em 2022 e 2023 — pode ter reflexos muito consideráveis nas estimativas de rendimentos, de gastos e, por isso, na periodização dos resultados das empresas do setor. Além disso, mesmo nos casos relativamente aos quais a estimativa inicial das variáveis económico-financeiras de um contrato de construção leve em conta níveis de alteração de preços que incorporem expectativas de inflação assinaláveis, o grau de incerteza que atualmente se vive pode, com elevada probabilidade, conduzir à necessidade da respetiva revisão. A discussão acerca da interpretação das Normas Contabilísticas no tocante a tal necessidade de revisão é, pois, um tema pertinente na gestão financeira e fiscal destas entidades.

O mesmo autor aborda, no terceiro estudo, as consequenciais de inspeções fiscais a sociedades integradas no setor da suinicultura, avicultura, ou outros que utilizam ativos biológicos. Em certos casos, os Relatórios de Inspeção Tributária concluem que existem motivos para o recurso a métodos indiretos de tributação. De entre tais motivos, destaca-se, por ser habitual na respetiva fundamentação, que os indicadores (*ratios*) da margem bruta sobre as vendas são substancialmente inferiores aos valores médios do setor de atividade.

Este escrito discute questões que reputamos pertinentes para os referidos casos de aplicação de métodos indiretos. Assim, e em primeiro ligar, existirá, nos setores da suinicultura, avicultura e outros que usam ativos biológicos, uma especificidade contabilística que implique a necessidade de uma análise aprofundada de indicadores baseados em vendas, gastos e margens? Em particular, aspetos como a «Variação da produção», os «Trabalhos para a própria empresa» e, sobretudo, os «Ganhos de justo valor», devem merecer uma atenção especial? Em segundo lugar, terá a quantificação da matéria tributável, com recurso à margem bruta, sólida base contabilística e económica?

Em seguida, Francisca Duarte e António Martins, partindo do princípio que as entidades empresariais estão sujeitas a possíveis ajustamentos de Preços de Transferência, sublinham que tais entidades podem solicitar Acordos Prévios sobre Preços de Transferência (APPT). Estes acordos fixam o modo como o preço de uma transação entre partes relacionadas deverá ser determinado e, no período em que vigoram, eliminam o risco fiscal associado a essas transações. Todavia, quando se procuram elementos quantitativos sobre o número de tais acordos, observa-se com um panorama relativamente ao qual a vantagem assinalável dos APPT (certeza quanto a um regime fiscal previamente acordado com a administração tributária) não parece induzir um elevado número de acordos prévios.

Na parte II do livro, surgem três escritos que, não tendo uma natureza fiscal, nos parecem, ainda assim, de levar ao conhecimento dos leitores.

O primeiro reproduz o «Elogio a Manuel Rui Azinhais Nabeiro» que, por ocasião do seu Doutoramento *Honoris Causa*, pela Faculdade de Economia da Universidade de Coimbra — no âmbito das Comemorações dos 30 anos da Licenciatura em Gestão da FEUC —, foi preferido por António Martins. Nele se descrevem alguns traços marcantes da personalidade do homenageado, a atenção e os meios que dedica aos impactos sociais dos negócios e uma visão da gestão das empresas familiares que fazem de Rui Nabeiro um caso ímpar — e por isso muito merecidamente elogiado — no panorama empresarial português.

Em seguida, no estudo intitulado «Investimento, sustentabilidade e informação empresarial: novos temas, velhos problemas», António Martins trata de dois temas. Em primeiro lugar, se as empresas classificadas como mais sustentáveis geram taxas de retorno mais atrativas para os titulares do seu capital (*doing better, by doing good?*). Depois, e principalmente, se os sistemas de informação existentes permitem aferir objetivamente o grau de sustentabilidade das empresas.

O cerne do problema está em como aferir e mensurar tais práticas, a fim de que, aplicando métricas apropriadas, se utilizem indicadores que permitam premiar algumas empresas e penalizar outras.

Por fim, António Martins, no escrito «Investimento e incerteza: Keynes, Hayek e uma viagem ao desconhecido» acentua que por mais fases e mecanismos formais de decisão que um projeto de investimento possa percorrer, quando se trata de aplicar fundos em produtos ou serviços verdadeiramente inovadores, não há modo de escapar a uma viagem ao desconhecido. Na qual a *inner voice*, ou a intuição acabam, afinal, por constituir a base de decisões que determinam o futuro de indivíduos, organizações e comunidades. Estamos muito perto do que F. Knight afirmou: «*Business judgement is chiefly judgement of men.*»

São viagens ou percursos, por vezes sem roteiro, que correspondem porventura às decisões mais difíceis que, sendo tomadas num plano individual ou organizacional (o ponto focal de Hayek), afetam sobremaneira o desenvolvimento e a estabilidade económico-social (centrais ao pensamento de Keynes).

Ao Carlos Gomes e ao Daniel Taborda, colegas na FEUC, o reconhecimento pela leitura crítica do manuscrito. É devido um agradecimento à FEUC pelas condições proporcionadas para escrever este livro. E, à Almedina, pela confiança demonstrada para o editar.

PARTE I
ESTUDOS SOBRE TRIBUTAÇÃO EMPRESARIAL

Os preços de transferência e a informação financeira empresarial em tempo de pandemia: um estudo empírico sobre a aplicação do princípio de plena concorrência

Maria Alves Graça[1]

Introdução

O presente estudo centra-se na análise das potenciais dificuldades da aplicação do princípio de plena concorrência, no contexto dos preços de transferência. Tais dificuldades decorrem do impacto da pandemia Covid-19[2]. Pretende-se, pois, analisar quais os principais obstáculos que poderão surgir na aplicação do referido princípio na elaboração de dossiês de preços de transferência. No plano empírico, será realizada uma análise de comparabilidade ao setor automóvel, dado que foi dos setores mais afetados pela pandemia. Tratar-se-á, ainda, do setor farmacêutico, tendo este sido dos menos afetados, comparando, em ambos casos, os anos de 2019 e 2020, respetivamente. Essa análise será efetuada para os casos de Portugal e Espanha.

Com o crescimento da economia mundial e do comércio internacional os grupos económicos procuraram adaptar os seus modelos de negócio. Estas alterações influenciaram empresas multinacionais (EMN). Estas sentiram-se desafiadas a expandir os seus

[1] Mestre em Contabilidade e Finanças pela FEUC. Departamento Fiscal da PwC. As opiniões expressas neste texto apenas vinculam a autora.

[2] «Covid-19 é o nome, atribuído pela Organização Mundial da Saúde, à doença provocada pelo novo coronavírus SARS-COV-2, que pode causar infeção respiratória grave, como a pneumonia. Este vírus foi identificado pela primeira vez em humanos, no final de 2019, na cidade chinesa de Wuhan, província de Hubei, tendo sido confirmados casos em outros países.» Site oficial: https://www.sns24.gov.pt/tema/doencas-infecciosas/covid-19/#sec-0, consultado a 6 de dezembro de 2021.

negócios para lá dos mercados nacionais e a reorganizarem as respetivas cadeias de valor. Explorando novas vertentes do mercado internacional por via da criação de filiais em diversas jurisdições e com a realização de operações entre partes relacionadas.

Em resultado da internacionalização das empresas multinacionais e do aumento do volume de transações transfronteiriças, a matéria dos preços de transferência reveste-se de grande relevância (Rogers & Oats, 2021).

Num enquadramento macroeconómico mundialmente desfavorável provocado pela pandemia da Covid-19, larga proporção das EMN sofreu problemas de liquidez provocados pela redução ou atraso na geração de receitas. Como tal, foram obrigadas a renegociar acordos financeiros, restruturar dívida de curto prazo para longo prazo, diferir o pagamento de juros ou centralizar os fluxos de caixa via *cash pooling*, por exemplo. A pandemia conduziu à proliferação de riscos adicionais na atividade das organizações, designadamente: riscos operacionais, tendo em conta a perturbação dos canais de distribuição e a interrupção da produção; riscos de mercado, resultantes do declínio significativo na procura de bens e serviços; e riscos financeiros, uma vez que os custos de financiamento de algumas indústrias dispararam e os clientes atrasaram ou falharam os seus compromissos de pagamento, como já referido (EY, 2020).

Os riscos acima referidos afetaram as operações intragrupo. Isto é, surge uma preocupação adicional no seio dos contribuintes de analisar os efeitos da pandemia nas suas políticas de preços de transferência, de ajustar as suas análises económicas comparativas (*benchmarks*), de rever os contratos e, também, de suscitar possíveis alterações de eventuais Acordos Prévios de Preços de Transferência. Este contexto económico e empresarial implicou mudanças na aplicação do princípio de plena concorrência e, consequentemente, à análise de comparabilidade realizada pelas empresas que efetuam operações vinculadas.

É, pois, clara a relevância do tema ora em estudo, questionando-se como deve o princípio da plena concorrência ser aplicado em transações vinculadas afetadas pela crise resultante da Covid-19 e que consequências acarreta para os sujeitos passivos e para as administrações fiscais. É essencial que o dossiê de preços de transferência reflita nitidamente o processo de decisão e as razões que determinaram, nomeadamente, as funções, riscos e ativos utilizados, a caracterização funcional das partes, os preços ou as margens, e as observações comparáveis utilizadas na justificação das condições de mercado vigentes em época de pandemia.

Ao mesmo tempo, a análise empírica de dois setores, em dois países, nos exercícios de 2019 e 2020, fornece contributos práticos importantes no plano dos estudos de comparabilidade.

Para o efeito, este estudo desenvolve-se ao longo de cinco capítulos. No Capítulo I, procura-se enquadrar a temática dos preços de transferência a nível conceptual, abordando a noção de relações especiais, os métodos para determinação de preços de transferência, bem como o papel da OCDE[3] na regulamentação dos mesmos. O Capítulo II terá o seu cerne na importância do princípio de plena concorrência, debruçando-se sobre as orientações da OCDE desde 1995 até 2017[4] e, também, na relevância da análise de comparabilidade, bem como dos seus fatores determinantes.

No Capítulo III introduz-se o tema que constitui o fulcro desta análise. Ou seja, o impacto da pandemia em matéria de preços de transferência com especial incidência nas dificuldades da aplicação do princípio de plena concorrência. Este capítulo será fundado nos dados económicos do Banco de Portugal e pelas recomendações emitidas pela OCDE, em 2020[5], no sentido de debater, de um ponto de vista aplicado, como deve o princípio da plena concorrência ser usado em transações vinculadas afetadas pela crise motivada pela Covid-19.

No Capítulo IV pretende-se concretizar os objetivos atrás descritos através de um estudo empírico. Desta forma e, através da recolha de dados quantitativos, pretende-se dar resposta às seguintes questões:

- A fiabilidade dos dados financeiros poderá comprometer as análises de comparabilidade?
- As funções, ativos e riscos alteraram-se em função do impacto económico da pandemia?
- Que dificuldades trazem as alterações no contexto económico resultante da Covid-19 para a aplicação do princípio de plena concorrência?

Realizar-se-á uma análise de comparabilidade a um dos setores mais afetado pela pandemia — a indústria automóvel — e a um dos setores menos afetado — a indústria farmacêutica. A pesquisa incide na procura de empresas comparáveis para cada setor, em Portugal e Espanha, para os anos de 2019 e 2020, respetivamente. Os dados foram

---

[3] OCDE — Organização para a Cooperação e o Desenvolvimento Económico. Site oficial: https://www.oecd.org/about/, consultado a 7 de dezembro de 2021.

[4] À data de realização deste estudo, já existia uma nova versão atualizada das *Guidelines* de 2022. No entanto, tendo em conta que a presente análise se reporta aos anos de 2019 e 2020, foram consideradas as *Guidelines* de 2017.

[5] Note-se que este documento, emitido pela OCDE, em 2020, apenas fornece uma visão pragmática de determinadas realidades mais afetadas pela pandemia e não vêm modificar, nem implicar, uma revisão das Orientações de 2017, mantendo-se inalterados os contornos do princípio de plena concorrência.

recolhidos através da plataforma SABI e será possível comparar para cada setor, país e ano: i) a respetiva evolução económico-financeira; ii) algumas componentes dos resultados relevantes para este estudo, como sejam as perdas por imparidade, as provisões e os subsídios à exploração; e iii) os intervalos estatísticos da margem operacional.

Por fim, o Capítulo V será destinado a conclusões. Concluiu-se que, através da análise dos resultados, o setor automóvel foi negativamente afetado pela pandemia, em comparação com o setor farmacêutico. Foi verificado o aumento, no setor automóvel, em 2020, das rubricas de perdas por imparidade e provisões, bem como dos subsídios à exploração provenientes do Estado. A análise aos intervalos das margens de rentabilidade operacional auferidas mostrou uma maior dispersão no setor farmacêutico, em 2020.

Conclui-se que as análises de comparabilidade poderão ser distorcidas por via dos dados financeiros obtidos pelas empresas, relativamente ao ano de 2020. Neste exercício, parte das empresas analisadas registou perdas por imparidade e provisões, por via de situações extraordinárias devido à Covid-19, e alheias à sua atividade normal. Como consequência, verificou-se também uma maior dispersão das rentabilidades operacionais auferidas em 2020, uma vez que a estrutura de gastos e rendimentos operacionais de cada setor estava influenciada por rubricas que, em anos normais, não teriam igual relevo.

CAPÍTULO I — OS PREÇOS DE TRANSFERÊNCIA

1.1. Enquadramento teórico

Segundo a definição da OCDE os preços de transferência são os preços pelos quais uma empresa transfere bens, ativos intangíveis ou presta serviços a empresas relacionadas[6] (OECD, 2017:1.9).

O progresso tecnológico mudou radicalmente a organização do comércio mundial nas últimas décadas e causou aumentos significativos nos fluxos de comércio intragrupo.

[6] Duas empresas são relacionadas se uma delas participar, direta ou indiretamente, na direção, no controlo ou no capital da outra, ou se «as mesmas pessoas participarem, direta ou indiretamente, na direção, no controlo ou no capital das duas empresas», conforme alíneas a) e b) do n.º 1 do artigo 9.º do Modelo de Convenção Fiscal da OCDE.

Löffler (2019) estima que 60% do comércio mundial seja realizado entre entidades pertencentes a grupos económicos. Perante a amplitude deste fenómeno, os países foram obrigados a adaptar os seus sistemas fiscais e a inserir mecanismos de controlo relativos aos preços praticados intragrupo.

Os preços de transferência (PT) são parte integrante das atividades comerciais das empresas, nomeadamente na realização de operações vinculadas. Referem-se à prática de transações económicas entre empresas relacionadas. Ou seja, ao valor cobrado por uma empresa na venda ou transferência de bens, serviços ou propriedade intangível a uma empresa com ela relacionada. Segundo Löffler (2019) quando um bem ou serviço é transferido entre entidades vinculadas em diferentes países, uma empresa multinacional pode estrategicamente definir um preço de transferência apropriado, ou seja, o preço pelo qual o bem ou serviço é transferido.

Segundo Kumar *et al.* (2021) os preços de transferência são justificados por determinadas razões tais como: a) económicas, por exemplo, na eficiência na alocação de recursos, b) funcionais, como a divisão das organizações em centros de lucro, c) necessidades estratégicas, por exemplo, a busca de vantagens competitivas sobre os seus rivais a nível regional e global.

Para Rossing *et al.* (2017) os preços de transferência constituem uma ferramenta de suporte à contabilidade e ao controlo da gestão das entidades empresariais. No entanto, nos últimos anos, tem surgido uma maior preocupação, quer nas empresas quer por parte das autoridades fiscais, quanto ao cumprimento das obrigações tributárias a que esta matéria obriga.

Os preços de transferência têm um impacto significativo em várias áreas, designadamente, a nível económico, fiscal, jurídico e estratégico. Constituem uma ferramenta importante no âmbito dos grupos económicos, uma vez que estes podem realizar as suas operações ou transações comerciais envolvendo entidades em diversas jurisdições, o que proporciona vantagens fiscais (Rogers & Oats, 2021).

Choi *et al.* (2020) sublinham que as preocupações crescentes das EMN derivam das regras que lhes são crescentemente impostas por forma a evitar a manipulação dos preços de transferência. Se não existir, nesta matéria, uma regulamentação densa, surgirá maior permeabilidade para as empresas utilizarem, de forma potencialmente abusiva, os preços de transferência para deslocar parte dos seus lucros para jurisdições com taxas de impostos mais baixas, diminuindo consideravelmente a base tributária.

1.1.1. A importância dos Preços de Transferência na tributação de operações vinculadas

Segundo Stefano *et al.* (2021) as EMN têm incrementado as suas preocupações com a gestão do risco tributário, mais concretamente por via das questões relacionadas com a conformidade fiscal. As empresas multinacionais recorrem a medidas de planeamento fiscal por forma a minimizarem os lucros tributáveis e a otimizarem o seu valor. O recurso ao *offshoring*, por exemplo, é utilizado com o objetivo de reduzir os custos operacionais.

Observa-se, assim, a transferência da atividade produtiva e dos respetivos postos de trabalho de regiões com custos de produção bastante significativos para regiões onde tais custos são relativamente mais baixos. Importa referir que a deslocalização da atividade industrial é uma consequência da globalização e do clima económico que se tem vindo a sentir, onde as empresas multinacionais procuram melhorar o seu desempenho e aumentar a sua vantagem competitiva. Todavia, as recentes disputas entre países, e blocos, centrais no processo de globalização (*e.g.* EUA e China) podem limitar, ou até reverter, este processo.

As estratégias de planeamento fiscal despertam cada vez mais interesse no seio das empresas multinacionais. Conforme Martins (2015), na origem desse interesse encontram-se diversas razões que podem ser sintetizadas em duas vertentes. A primeira assenta no interesse próprio dos gestores das organizações, quando se defrontaram com a necessidade de valorizar as transações entre secções de uma certa organização ou entre entidades autónomas de grandes empresas multinacionais, isto é, procuraram otimizar a sua atividade operacional.

A segunda vertente assenta nas questões de natureza tributária, existindo a possibilidade de influenciar a carga fiscal através de práticas relativas ao uso de preços de transferência no meio empresarial. É nesta última vertente que se tem gerado maior controvérsia e, como tal, a generalidade dos trabalhos desenvolvidos sobre preços de transferência apresentam cariz fiscal.

Segundo Leonov *et al.* (2021), e de um ponto de vista financeiro, os preços de transferência são provavelmente um dos problemas fiscais mais importantes do mundo. A evolução da economia mundial e a internacionalização das empresas criaram condições específicas para que a temática dos preços praticados nas transações entre empresas relacionadas se revele cada vez mais importante para os sistemas tributários dos diversos países. E, como tal, a matéria de PT revela-se de particular relevância tanto para os reguladores como para as autoridades fiscais, uma vez que podem causar a erosão das bases impositivas e a deslocalização de lucros (Martins *et al.*, 2020).

As multinacionais usam várias estratégias para transferir as suas receitas entre diferentes jurisdições. Estas estratégias podem incidir na criação de empresas fictícias, sem substância económica, em países com baixas taxas de tributação, com o objetivo de para aí transferir lucros (Jansk & Prats, 2015).

Para Bilicka & Seidel (2020) o valor dos impostos que pode ser evitado com a transferência de lucros depende, entre outras variáveis, do fraco controlo fiscal e do nível da eficácia administrativa num determinado país. Nos Estados menos eficientes quanto à inspeção a tais práticas, existe maior incentivo para esquemas fiscais abusivos, dando margem às empresas para deslocalizarem os seus lucros (ou prejuízos) para países em que a taxa de tributação seja inferior (ou superior) à do país de origem. Com efeito, os PT tornaram-se numa ferramenta frequentemente utilizada pelas EMN para evitarem o pagamento de impostos ou conseguirem uma situação fiscal mais favorável.

Segundo Martins *et al.* (2020), a evasão fiscal não é um fenómeno recente e caracteriza-se por ser um problema transversal. Existe grande tendência para a exploração da fragilidade da lei com a finalidade de reduzir as responsabilidades ao nível fiscal. Deste modo, fenómenos como o *profit shifting* (ou deslocalização de lucros) são bastante comuns. Estes comportamentos violam os princípios basilares do Direito, tais como a equidade na repartição internacional das receitas, a justa concorrência entre empresas e, no espaço europeu, o funcionamento do mercado interno.

Por isso, reconhece-se que os PT são das matérias fiscais que geram maior controvérsia. O seu caráter por vezes subjetivo, e respetiva dificuldade de aplicação prática, suscitam frequente discordância entre as autoridades tributárias e as EMN.

1.1.2. O papel da OCDE na regulamentação dos Preços de Transferência

Os PT, caracterizados pela sua «interdisciplinaridade», convocam uma série de conceitos do Direito Fiscal, do Direito Societário, da Contabilidade e das Finanças. A propósito do tema «relações especiais», surgem conceitos tais como capital, direitos de voto, composição de órgãos sociais e o recurso aos métodos de aferição do preço de mercado.

A vocação tendencialmente internacional dos PT leva as administrações fiscais a recorrer aos contributos de instituições que se debruçam sobre a fiscalidade internacional, em especial a OCDE (Teixeira, 2006).

Numa época em que o desempenho da economia mundial é, em larga parte, influenciado pela *performance* dos grupos económicos, facilmente se entenderá a importância da regulação dos PT e da harmonização de princípios basilares, com o intuito de aproximar os regimes fiscais dos Estados no tocante às regras aplicáveis a esta temática.

A OCDE assumiu um papel central no estudo e disseminação de certas matérias relativas à fiscalidade internacional, nomeadamente quanto aos PT. Integra um total de 38 países membros, e encontra-se numa posição singular para dirigir recomendações não só às administrações fiscais, como também às empresas. Os trabalhos realizados pela OCDE constituem uma base importante para que o legislador desenvolva normativamente a disciplina dos PT. Como refere Teixeira (2006) as recomendações emanadas da OCDE oferecem soluções possíveis, não só para os Estados como para os próprios particulares, quando confrontados com a necessidade de fundamentarem os preços das transações entre entidades relacionadas.

As regras de PT visam garantir que os lucros decorrentes de transações comerciais e financeiras entre Estados-membros de um grupo multinacional sejam alocados de forma a refletir o real valor da contribuição de cada uma das partes envolvidas. Neste sentido, é importante que estas regras assegurem a base tributária adequada e também que contribuam para a prevenção da erosão das bases tributárias e a transferência de lucros para jurisdições de baixa ou nula imposição (Pieretti & Pulina, 2020).

Em 2001, a OCDE publicou o relatório «Transfer Pricing Guidelines for Multinational Enterprises and Tax Administrations» com orientações destinadas às multinacionais e administrações fiscais. Neste relatório identifica-se um dos problemas principais que tem sido enfrentado pelos diferentes Estados-membros, e talvez o que determinou a emissão destas orientações sobre PT, conforme evidencia o seguinte excerto

> O crescimento das empresas multinacionais coloca problemas cada vez mais complexos às A dministrações Fiscais e às próprias empresas multinacionais, dado que as normas de tributação destas empresas, que diferem consoante os países, não podem ser consideradas isoladamente, devendo ser analisadas num contexto internacional mais vasto. (OCDE, 2001)

Alguns projetos desenvolvidos nas últimas décadas pela OCDE visam a prevenção e o combate à erosão da base tributária e ao desvio de lucros para jurisdições de baixa tributação, como o trabalho apresentado, em 2013, com o apoio político do G20, designado por «Base Erosion and Profit Shifting» (Plano de Ação BEPS).

Este plano assinalou o início de uma nova era de intervenção dos Estados, traduzindo-se na aplicação de boas práticas, no plano fiscal, não só pelas empresas no âmbito das suas atividades, mas também na justa distribuição em matéria de pagamento de impostos. Consistiu na definição de 15 ações concretas organizadas em três pilares:

consistência, substância e transparência. Incidiu, essencialmente, na luta contra a erosão da base tributária e da arbitragem fiscal entre jurisdições, no direito à tributação com particular relevância na economia digital, e ainda um enfoque especial nos preços de transferência, analisando os efeitos relacionados com o princípio de plena concorrência (OCDE, 2013).

Em outubro de 2015, foram oficialmente divulgados os relatórios finais de cada uma das 15 ações do plano BEPS. A tabela 1 sumaria as ações, bem como cada área de foco.

TABELA 1
LISTA DE AÇÕES DO PLANO BEPS

N.º	Ação	Área de foco
1	*Abordar os desafios fiscais da economia digital*	Economia digital
2	*Neutralizar os efeitos dos instrumentos híbridos*	Coerência (Híbridos)
3	*Reforçar as normas sobre transparência fiscal internacional (CFC)*[7]	Coerência (CFC)
4	*Limitar a erosão da base, restringindo a dedução de juros e outros encargos financeiros*	Coerência (Financiamento)
5	*Combater de modo mais eficaz as práticas fiscais prejudiciais, tendo em conta a transparência e a substância*	Coerência (*Deals*)
6	*Prevenir a utilização abusiva das convenções para evitar a dupla tributação*	Substância (Convenções)
7	*Prevenir que se evite artificialmente o reconhecimento de Estabelecimento Estável (EE)*	Substância (EE)
8	*Alinhar os preços de transferência com a criação de valor dos intangíveis*	Substância (PT)
9	*Alinhar os preços de transferência com a criação de valor em relação aos riscos e ao capital*	Substância (PT)
10	*Alinhar os preços de transferência com a criação de valor em relação a outras transações de maior risco*	Substância (PT)
11	*Estabelecer metodologias para recolha e análise dos dados sobre o BEPS e as ações para o seu combate*	Transparência (Recolha de Dados)
12	*Solicitar que os contribuintes divulguem acordos de planeamento fiscal agressivo*	Transparência (Esquemas)
13	*Reexaminar a documentação de preços de transferência*	Transparência (Documentação)
14	*Tornar os mecanismos de resolução de conflitos mais eficazes*	Transparência (Disputas)
15	*Desenvolver um instrumento multilateral*	Instrumentos multilaterais

Fonte: OCDE (2015).

[7] *Controlled Foreign Companies.*

Da lista acima referida importa salientar algumas ações que têm maior relevância para a temática dos preços de transferência, como é o caso das ações 8, 9, 10 e 13. Estas ações estão diretamente relacionadas com PT e aprimoram a orientação com base no princípio de plena concorrência (*arm's lenght principle*) com a finalidade de garantir que o fator influenciador dos resultados seja a realidade económica e não a forma de registo das operações. Este princípio irá ser aprofundado no próximo capítulo.

As ações 8, 9 e 10 procuraram alinhar os resultados obtidos por cada entidade com a criação de valor para o grupo em que se insere. Com o objetivo de promover revisões das orientações sobre PT emitidas pela OCDE, as ações em questão visam as seguintes áreas-chave:

Ação 8: Intangíveis — Os ativos intangíveis são altamente móveis e de difícil mensuração. Como tal, a deficiente afetação de lucros gerados por este tipo de ativos pode contribuir fortemente para a erosão da base tributável e a transferência artificial de lucros.

Ação 9: Risco e Capital — Este segmento visa garantir que a alocação contratual de riscos e capitais, e os rendimentos daí resultantes, correspondem às atividades realmente efetuadas, desincentivando a alocação excessiva de riscos e capital a entidades relacionadas.

Ação 10: Outras transações de alto risco — Esta secção destina-se a outras áreas de risco não abrangidas anteriormente, como o uso abusivo de pagamento de serviços de gestão (*management fees*) ou despesas administrativas, a utilização dos métodos de PT com a finalidade de transferir lucros das atividades mais lucrativas para outras entidades do grupo, bem como operações intragrupo com uma lógica não económica.

Um dos problemas fulcrais relativo à aplicação das regras de PT é a assimetria de informação entre os contribuintes e as administrações tributárias. Esta disparidade pode afetar a aplicação do princípio de plena concorrência e, consequentemente, aumentar as hipóteses de erosão da base tributária e de transferência de lucros.

Em determinados países, as administrações tributárias têm fraca possibilidade para formar uma visão global da cadeia de valor mundial de uma EMN. Além disso, as diferenças entre as abordagens no que diz respeito às exigências de documentação em matéria de preços de transferência conduzem a custos consideráveis para as empresas. Como tal, a ação 13 do plano procura que grupos económicos tenham a obrigação da entrega de determinada documentação de PT, nomeadamente, *local file, master file* e *country-by-country report*. É importante disponibilizar à administração tributária informação adequada sobre funções relevantes realizadas por entidades integrantes de um grupo no que toca a serviços e a outro tipo de transações intragrupo (OCDE, 2014).

Neste contexto e, na sequência das conclusões alcançadas no relatório do Projeto BEPS, a União Europeia promoveu duas iniciativas complementares, conhecidas por ATAD (*Anti Tax Avoidance Directive*)[8], direcionadas para a consagração de instrumentos anti-abuso e para a prevenção de práticas de elisão fiscal por parte das empresas.

Um dos pressupostos da integração na União Europeia foi a transposição, por parte dos Estados-membros, das diretivas emitidas pelo Conselho. Por outras palavras, cabe aos respetivos governos de cada país da União Europeia, dentro de um determinado prazo e com uma margem de conformação mais ou menos limitada, a transformação destas Diretivas europeias em leis nacionais.

Assim, estas diretivas foram transpostas e adotadas por todos os Estados Membros a partir de 1 de janeiro de 2019. No caso da legislação portuguesa é de realçar a Lei n.º 32/2019, de 3 de maio. Em termos práticos, a nova lei veio promover alterações, entre outros diplomas, ao Código do Imposto sobre o Rendimento das Pessoas Coletivas (CIRC) e à Lei Geral Tributária (LGT). Nomeadamente, os regimes de imputação de rendimentos de entidades não residentes sujeitas a um regime fiscal privilegiado, as regras relativas à dedutibilidade dos gastos de financiamento líquidos, à transferência de residência e à cláusula geral anti-abuso (CGAA).

Estes são alguns dos trabalhos mais importantes promovidos pela OCDE que vieram alterar diretamente a prática dos PT, bem como a adoção de medidas preventivas face ao combate à evasão fiscal e ao planeamento abusivo.

1.2. Enquadramento legal

Em termos históricos, antes da elaboração das recomendações da OCDE, a falta de regulação na maior parte dos países constituía um obstáculo à aplicação do princípio de plena concorrência. Em 1976, a OCDE publicou as orientações gerais para as empresas multinacionais (*Guidelines for Multinational Enterprises*) e, em 1979, o relatório «*Transfer Princing and Multinational Enterprises*», o qual reafirmou a adoção do princípio de plena concorrência e delineou os métodos aceites na determinação dos preços de transferência. O objetivo deste relatório foi proporcionar uma perspetiva geral da problemática dos PT. Centrou-se na análise das atividades de transformação de mercadorias, da tecnologia e do direito à utilização de elementos de propriedade industrial. Adicionalmente,

[8] Em português, Diretiva Anti-Elisão Fiscal.

procedeu também à análise da prestação de determinados serviços no âmbito de um grupo de sociedades.

Em 1995, a OCDE publicou o relatório «*Transfer Princing Guidelines for Multinational Enterprises and Tax Administrations*», que correspondeu a uma revisão do relatório de 1979. Incidiu, especificamente, sobre as transações de bens incorpóreos e as prestações de serviços entre entidades pertencentes a um grupo económico. Este relatório foi posteriormente atualizado em 2001 e em 2017[9]. Múltiplos países, incluindo Portugal, referem-se às orientações da OCDE na sua legislação interna.

Adicionalmente, em 2002 surgiu o EU Joint Transfer Pricing Forum. Este assiste e aconselha a Comissão Europeia em matérias de preços de transferência. O dito fórum trabalha no sentido de melhorar as orientações da OCDE e propõe à Comissão Europeia soluções pragmáticas, e não legislativas, para a aplicação prática das normas tributárias sobre PT e reduzir a litigância e os seus custos.

1.3. O regime de Preços de Transferência em Portugal

Em Portugal, o traço essencial do regime dos PT encontra-se previsto no n.º 1 do artigo 63.º do CIRC, que dispõe:

> Nas operações efetuadas entre um sujeito passivo e qualquer outra entidade, sujeita ou não a IRC, com a qual esteja em situação de relações especiais, devem ser contratados, aceites e praticados termos ou condições substancialmente idênticas aos que normalmente seriam contratados, aceites e praticados entre entidades independentes em operações comparáveis.

Adicionalmente, este artigo é desenvolvido pela Portaria n.º 1446-C/2001, de 21 de dezembro[10], a qual revela um alinhamento com os princípios da OCDE sobre os PT, dirigidos às EMN e às administrações fiscais, e colheu ainda inspiração nas regulamentações de caráter legal e administrativo e num conjunto das boas práticas seguidas por

---

[9] Conforme já referido, à data de elaboração deste estudo existia uma nova versão atualizada das *Guidelines*, de 2022. No entanto, tendo em conta que a presente análise se reporta aos anos de 2019 e 2020, foram consideradas as *Guidelines* de 2017.

[10] Aquando da elaboração deste estudo, foi publicada uma nova Portaria — n.º 268/2021, de 26 de novembro — em matéria de preços de transferência. Tendo em conta que o trabalho se reporta aos anos de 2019 e 2020, é usada a portaria então em vigor.

países com maior experiência nesta área. A portaria regula os PT nas operações efetuadas entre um sujeito passivo de IRS ou de IRC e qualquer outra entidade vinculada, e contém as regras de aplicação da pluralidade dos métodos previstos no artigo 63.º do CIRC.

Na sequência destas regras e das recomendações da OCDE, foi publicada a Portaria n.º 620-A/2008, de 16 de julho. Este diploma regulamenta a possibilidade de celebração de acordos prévios sobre preços de transferência (APPT) e de fixar previamente o método ou os métodos suscetíveis de assegurar a determinação dos termos e condições que seriam normalmente acordados entre entidades independentes nas operações comerciais e financeiras efetuadas entre entidades relacionadas. Consoante sejam celebrados por uma ou mais autoridades tributárias poderão ser unilaterais, bilaterais ou multilaterais (EY, 2021). Os APPT encontram-se previstos no artigo 138.º do CIRC.

Ainda no seguimento das recomendações da OCDE e no âmbito do Plano de Ação BEPS, foi publicada a Portaria n.º 367/2017, de 11 de dezembro, que aprova o modelo de declaração e respetivas instruções, designado por «Comunicação da Identificação da Entidade Declarante — Declaração Financeira e Fiscal por País», para cumprimento da obrigação referida no artigo 121.º-A do CIRC. Este artigo veio introduzir na legislação portuguesa a obrigação das entidades-mãe finais, ou as entidades-mãe de substituição de grupos multinacionais, apresentarem uma declaração de informação financeira e fiscal por país ou jurisdição fiscal (*Country by Coutry Report*). Neste sentido, a referida Portaria aprova o modelo e respetivas instruções de preenchimento, permitindo ao sujeito passivo o cumprimento da referida obrigação.

A tabela 2 apresenta um breve resumo da legislação portuguesa de preços de transferência.

TABELA 2
LEGISLAÇÃO PORTUGUESA EM MATÉRIA DE PT

Tipologia	Descrição
Suporte conceptual para a Legislação Específica	Orientações da OCDE (2017; 2020)
Legislação Específica	Artigo 63.º do CIRC — «Preços de Transferência»
	Portaria n.º 1446-C/2001, de 21 de dezembro
	Artigo 121.º-A do CIRC — «Declaração financeira e fiscal por país»
	Artigo 121.º-B do CIRC — «Requisitos gerais de relato»
	Artigo 138.º do CIRC — «Acordos prévios de preços de transferência»
	Portaria n.º 620-A/2008, de 16 de julho

1.4. O conceito de relações especiais

Em sede de PT é de extrema importância interpretar e caracterizar o que deve ser entendido por relações especiais entre entidades.

O conceito de relação especial encontra-se vertido na legislação portuguesa no n.º 4 do artigo 63.º do CIRC, postulando que se verificam relações especiais entre duas entidades «nas situações em que uma tem o poder de exercer, direta ou indiretamente, uma influência significativa nas decisões de gestão da outra» ou seja, existem relações especiais quando, entre outras situações:

a) Uma entidade e os titulares do respetivo capital, respetivos cônjuges, ascendentes ou descendentes destes, que detenham, direta ou indiretamente, uma participação não inferior a 20% do capital ou dos direitos de voto;
b) Entidades em que os mesmos titulares do capital, respetivos cônjuges, ascendentes ou descendentes detenham, direta ou indiretamente, uma participação não inferior a 20 % do capital ou dos direitos de voto.

Segundo Martins (2015), a abrangência das situações descritas no n.º 4 do artigo anteriormente referido não retira, contudo, alguma indeterminação ao conceito de relação especial. No entanto, o artigo 3.º da Portaria n.º 1446-C/2001 vem, na prática, aliviar o ónus da prova que a Lei Geral Tributária impõe às autoridades fiscais em matéria de fundamentação da relação especial e suas implicações em matéria tributária, atribuindo às entidades que se encontrem em relação especial a responsabilidade de dispor de um conjunto de informação e documentação relativa às suas práticas e metodologias adotadas em termos de PT.

1.5. Métodos de Preços de Transferência

Na determinação do método mais apropriado para obter um resultado de plena concorrência, por via do artigo 63.º, n.º 3 do CIRC, devem ser considerados os seguintes fatores de comparabilidade:

- O grau de comparabilidade entre as condições praticadas numa operação vinculada e as condições praticadas numa operação entre empresas independentes;
- A qualidade da informação disponível e os pressupostos assumidos; e
- Os ajustamentos necessários para eliminar as diferenças existentes face às entidades comparáveis.

Cumpre ainda referir que, de acordo com a Lei n.º 119/2019, a vigorar desde 1 de outubro de 2019, que introduziu algumas alterações na legislação portuguesa em matéria de PT, «para a determinação dos termos e condições que seriam normalmente acordados, aceites ou praticados entre entidades independentes, o sujeito passivo deve adotar qualquer dos métodos (...) tendo em conta, entre outros aspetos, a natureza da operação, a disponibilidade de informações fiáveis e o grau de comparabilidade entre as operações ou séries de operações que efetua e outras substancialmente idênticas, efetuadas entre entidades independentes»[11].

Tal como previsto na legislação portuguesa, e, bem assim, nos princípios diretores da OCDE, apresenta-se de seguida uma muito breve explicação dos métodos usados em PT.

Método de Preço Comparável de Mercado (MPCM)

Compared Uncontrolled Price

O MPCM consiste em comparar o preço de bens ou de serviços transferidos numa operação vinculada com o preço praticado em relação a bens ou serviços transferidos no âmbito de uma operação entre empresas independentes, em circunstâncias comparáveis. Ou seja, compara o preço praticado em operações vinculadas com o preço praticado em transações em mercado aberto. As operações comparáveis podem ser as efetuadas entre entidades independentes (comparáveis externos) ou entre a empresa e uma entidade independente (comparáveis internos). (OCDE, 2017, Cap. II, pp. 101–103)

Segundo o n.º 1 do artigo 6.º da Portaria n.º 1446-C/2001, este método requer um elevado grau de comparabilidade de produtos, funções desenvolvidas, riscos, produtos, entre outros.

O MPCM é a medida mais fiável de avaliação do preço de plena concorrência se as transações forem análogas ou se apenas existirem diferenças facilmente ajustáveis. Pelo n.º 3 do artigo 6.º da referida portaria a comparabilidade pode ser alcançada através de ajustamentos suficientemente precisos que não influenciem o preço de mercado livre. Os ajustamentos que poderão revelar-se necessários incluem a eliminação das seguintes diferenças: qualidade dos produtos, cláusulas contratuais, mercado geográfico, intangíveis incorporados e risco cambial.

[11] E de acordo com o artigo 1.º da Portaria n.º 1446-C/2001, de 21 de dezembro.

Método do Preço de Revenda Minorado (MPRM)

Resale Price Method

O MPRM tem por base um produto adquirido a uma entidade relacionada que é objeto de revenda a uma entidade independente. Ao preço de revenda é subtraída uma margem de lucro bruto de acordo com aquela que é praticada por entidades independentes em operações comparáveis. Esta margem praticada por empresas independentes serve de base à determinação do preço comparável da entidade relacionada. A margem é objeto de comparação entre entidades independentes e entidades relacionadas (OCDE, 2017, Cap. II, pp. 105-106).

O MPRM avalia se o preço praticado na operação controlada é um preço de plena concorrência, por referência à margem obtida em operações comparáveis entre entidades independentes. Deduz-se em seguida a esse preço (preço de revenda) uma margem bruta adequada (a margem sobre o preço de revenda), que traduz o montante a partir do qual o revendedor poderia cobrir os seus custos de venda e outros custos operacionais.

Isto, claro está, tendo em conta as funções assumidas, os ativos utilizados e os riscos incorridos, a fim de realizar um lucro apropriado. Esse lucro, em condições normais de mercado, constituiria para uma entidade independente uma remuneração apropriada. A utilização do MPRM é mais indicada para distribuidores que revendem o produto sem o alterar fisicamente e sem lhe acrescentar valor substancial (OCDE, 2017, Cap. II, pp. 107-108).

Pelo n.º 4 do artigo 7.º da Portaria n.º 1446-C/2001, quando as operações não são substancialmente comparáveis em todos os aspetos considerados relevantes e as diferenças têm um efeito significativo na margem bruta, são permitidos os ajustamentos necessários, por forma a determinar a cobertura de custos e uma margem de lucro adequada ao risco.

Método do Custo Majorado (MCM)

Cost Plus Method

O MCM é indicado para avaliar transações desenvolvidas por empresas que produzem bens ou serviços que são depois vendidos a entidades com as quais têm relações especiais.

Este método determina, relativamente a bens transferidos para uma entidade relacionada, os custos suportados pelo fornecedor, aos quais é acrescida uma margem bruta, de modo a obter o lucro apropriado. O preço de transferência obtém-se partindo do custo de aquisição dos bens/serviços, acrescentando-lhes os custos de estrutura suportados até ao final da transação e uma margem de lucro correspondente (OCDE, 2017, Cap. II, pp. 111).

A aplicação deste método requer uma comparação detalhada dos produtos fabricados ou serviços prestados, das funções desenvolvidas, dos riscos suportados, da estrutura de custos e dos intangíveis entre a operação vinculada e a operação não vinculada. Adicionalmente, é fundamental obter comparáveis internos ou externos que permitam identificar que as margens brutas obtidas nas transações objeto de análise são semelhantes às praticadas (OCDE, 2017, Cap. II, pp. 112).

Pelo n.º 3, do artigo 8.º da Portaria n.º 1446-C/2001, quando as operações não são substancialmente comparáveis em todos os aspetos considerados relevantes e as diferenças têm um efeito significativo na margem bruta, deverão ser realizados os ajustamentos necessários, por forma a determinar uma margem de lucro ajustada.

Método da Margem Líquida da Operação (MMLO)

Transaction Net Margin Method

O MMLO é baseado no lucro da operação e consiste em verificar a margem de lucro líquida em relação a uma base adequada (por exemplo, os custos, as vendas ou os ativos). É um método baseado na rentabilidade das transações, procedendo ao teste do princípio de plena concorrência por comparação dos resultados operacionais[12] obtidos pela entidade objeto de análise com os resultados operacionais obtidos por entidades terceiras que desempenham funções semelhantes e assumem riscos similares (OCDE, 2017, Cap. II, pp. 117).

O MMLO funciona de forma análoga aos métodos do custo majorado e do preço de revenda minorado, mas aplicado à margem líquida das operações (ao nível operacional). Em face do exposto, não é exigido um elevado grau de similaridade entre produtos, mas fundamentalmente entre funções, riscos e ativos. Adicionalmente, a utilização da margem operacional para efeitos da análise económica permite afastar algumas distorções resultantes de diferentes tratamentos e classificações contabilísticas de uma mesma realidade (OCDE, 2017, Cap. II, pp. 118).

[12] São habitualmente utilizados os resultados operacionais, uma vez que esta rubrica representa os rendimentos e gastos derivados somente da atividade operacional da empresa (*core business*), desconsiderando juros e impostos.

Caso as operações não sejam substancialmente comparáveis em todos os aspetos considerados relevantes e as diferenças tenham um efeito significativo na margem bruta, deverão ser realizados os ajustamentos necessários, por forma a determinar uma margem de lucro ajustada, como consta do n.º 3 do artigo 10.º da referida portaria.

Pelo n.º 2 do artigo 10.º da Portaria n.º 1446-C/2001, a solidez do indicador apropriado depende muito das circunstâncias e características de cada operação, bem como da natureza da atividade, podendo ser representado pelas vendas, custos ou ativos utilizados, ou outra grandeza relevante.

Método do Fracionamento do Lucro (MFL)

Transactional Profit Split Method

O MFL é um método baseado nos lucros da operação. Consiste em identificar o lucro total ou combinado a repartir entre as empresas associadas na sequência de uma operação controlada. E proceder à posterior repartição desses lucros entre as empresas associadas, assente numa base economicamente válida, idêntica à repartição dos lucros que teria sido prevista nos termos de um acordo celebrado entre entidades independentes.

Este método é normalmente utilizado para repartir o lucro global derivado de operações complexas, ou séries de operações vinculadas, realizadas de forma integral entre as entidades intervenientes, cuja remuneração não pode ser avaliada individualmente. Em situações similares, entidades independentes optariam por constituir um acordo e conciliar a forma de repartição dos lucros. Consequentemente, o MFL procura determinar a repartição dos lucros a que empresas independentes teriam procedido se tivessem realizado as operações em causa. O lucro deverá ser repartido em função das contribuições, as quais deverão ser aferidas através da comparação das funções desenvolvidas, dos riscos assumidos, dos recursos utilizados, dos intangíveis detidos e dos custos incorridos (OCDE, 2017, Cap. II, pp. 133–135).

Pelo n.º 5 do artigo 9.º da Portaria n.º 1446-C/2001, quando as operações não são substancialmente comparáveis em todos os aspetos considerados relevantes e as diferenças têm um efeito significativo na análise do fracionamento do lucro deverão ser realizados os ajustamentos necessários, por forma a determinar uma repartição do lucro global.

A alínea b) do n.º 1 do artigo 4.º da Portaria n.º 1446-C/2001 prevê ainda que possam ser utilizados outros métodos para aferir o princípio de plena concorrência. Neste caso, é utilizado um outro método, técnica ou modelo de avaliação económica, sempre que os métodos mencionados anteriormente não possam ser utilizados devido ao caráter único ou singular das operações, ou à falta ou escassez de informações e dados comparáveis fiáveis relativos a operações similares entre entidades independentes. Em especial quando as operações tenham por objeto direitos reais sobre bens imóveis, partes de capital de sociedades não cotadas, direitos de crédito e intangíveis.

1.6. Especificidades e obrigações declarativas em PT

Para uma eficiente aplicação das regras de PT preveem-se algumas obrigações específicas que as empresas deverão cumprir. Segundo o n.º 1 do artigo 13.º da Portaria n.º 1446-C/2001 «o sujeito passivo deve dispor (...) de informação e documentação respeitantes à política adotada na determinação dos preços de transferência (...)». O processo de documentação fiscal referido rege-se pelo artigo 121.º do CIRC.

Em Portugal, a organização de um processo de documentação em matéria de PT deve ser efetuada caso a entidade atinja um valor anual de vendas líquidas e outros proveitos superior a 3 milhões de euros[13], no exercício imediatamente anterior e apresente operações com entidades relacionadas.

A Lei n.º 119/2019, de 18 de setembro presume ainda que os sujeitos passivos acompanhados pela Unidade dos Grandes Contribuintes (UGC) devam proceder à entrega do Dossiê Fiscal de Preços de Transferência (DFPT) até ao 15.º dia do 7.º mês posterior ao fim do período de tributação a que respeita.

Informação Empresarial Simplificada (IES)

O artigo 63.º, n.º 7 do CIRC prevê que «os sujeitos passivos devem indicar, na declaração anual de informação contabilística e fiscal a que se refere o artigo 121.º, a existência ou inexistência, no período de tributação a que aquela se respeita, de operações com entidades com as quais está em situação de relações especiais (...)». Como tal, a IES deve ser submetida anualmente até ao dia 15 de julho, no entanto, nos casos em que o ano económico não coincide com o ano civil deverá ser entregue até ao dia 15.º dia do 7.º mês posterior à data do encerramento do exercício fiscal.

---

[13] O artigo 17.º da atual Portaria n.º 268/2021 alterou este limite para 10 milhões de euros.

Country-by-Country report (CbCr)

O n.º 3 do artigo 121.º-A do CIRC e a Portaria n.º 383-A/2017, de 21 de dezembro, introduziram no ordenamento jurídico português a obrigação das entidades-mãe finais, ou as entidades-mãe de substituição de grupos multinacionais, cujo total de rendimentos seja igual ou superior a 750 milhões de euros, e em determinadas situações as empresas constituintes destes grupos, apresentarem uma declaração de informação financeira e fiscal por país ou jurisdição fiscal, nos 12 meses precedentes. Esta declaração deverá ser submetida através da Declaração Modelo 55.

A Portaria n.º 367/2017, de 11 de dezembro, e o n.º 4 do artigo referido aprovam o modelo e respetivas instruções de preenchimento, designado por «Comunicação da Identificação da Entidade Declarante — Declaração Financeira e Fiscal por País» (Modelo 54), permitindo ao sujeito passivo o cumprimento da referida obrigação.

CAPÍTULO II — O PRINCÍPIO DE PLENA CONCORRÊNCIA

Neste capítulo pretende-se aprofundar um dos conceitos mais importantes em matéria de preços de transferência — o princípio de plena concorrência (*arm's length principle*). Este princípio, também conhecido por princípio da independência, estabelece que os preços praticados no seio de uma EMN devem ser comparáveis aos preços que entidades independentes teriam acordado, em circunstâncias similares (Mills, 2019).

2.1. A importância do princípio de plena concorrência

Foi-se instituindo em torno deste princípio um consenso internacional em matéria de PT, por se entender que a sua adoção permite não só estabelecer a paridade no tratamento fiscal entre as empresas inseridas em grupos económicos e empresas independentes, como neutralizar certas práticas de evasão e assegurar a proteção da base tributável.

O dito princípio está incorporado nos modelos de convenção da eliminação da dupla tributação da OCDE e das Nações Unidas. As regras sobre a sua aplicação têm vindo a ser desenvolvidas em sucessivos relatórios produzidos ao longo dos anos. A adesão a este princípio tem envolvido um número crescente de países membros, e não membros, da OCDE. A solução de problemas suscitados pelos PT, por parte das EMN, tem uma dimensão multilateral. Além da preocupação natural com a salvaguarda das receitas fiscais, os países instituem mecanismos conducentes à eliminação da dupla tributação dos lucros, de modo a evitar obstáculos ao investimento e ao comércio internacional.

Segundo Martins (2015), a aplicação dos princípios recomendados pela OCDE para analisar as condições transacionais estabelecidas entre empresas associadas veio conferir um grau de exigência acrescido de fundamentação às administrações fiscais daí decorrente.

Conforme salientam Lemus & Moreno (2020) as políticas de PT das EMN têm fortes implicações, na medida em que as transações de entidades relacionadas cobrem uma parte dominante dos fluxos comerciais internacionais.

Os formuladores das políticas de *pricing* estão cientes do possível uso dos PT como um dispositivo para transferir lucros para jurisdições de baixa tributação. Como tal, é importante que as EMN sigam as recomendações emitidas pela OCDE. Isto significa que, para fins fiscais, as políticas internas de preços sejam consistentes com o princípio de plena concorrência — i.e., que os PT sejam estabelecidos com base no valor de mercado, e, portanto, comparáveis às transações similares que ocorreriam entre partes independentes.

De acordo com Mills (2019), o êxito da aplicação do princípio de plena concorrência depende da similitude dos bens, produtos e ativos comparáveis selecionados. Por exemplo, no caso de ativos intangíveis de caráter único e específico é difícil suprir a falta de elementos de comparação. Os desafios resultantes da falta desses elementos, a complexidade e a informação limitada ilustram algumas das dificuldades de implementação do princípio de plena concorrência.

Greil *et al.* (2018) afirmam que, para transações entre empresas com operações vinculadas envolvendo atividades laborais ou ativos tangíveis, a aplicação do princípio de plena concorrência é mais fácil de executar. Em contraste, a aferição deste princípio é complexa para operações altamente integradas que dependam fortemente de ativos intangíveis. Estes ativos, tais como patentes, fórmulas de produção, algoritmos ou bases de dados, são de importância única e capital para a criação de valor dos modelos de negócio digitais.

Segundo Greil (2021), o princípio de plena concorrência está codificado nas leis fiscais de muitos países e em acordos de dupla tributação. O seu objetivo é assegurar que os lucros sejam tributados onde a atividade empresarial tem lugar, ou seja, onde os recursos produtivos estão localizados. Além disso, quando as normas relativas aos PT são incorporadas em acordos de dupla tributação existe um conjunto de regras para a resolução de litígios transfronteiriços. Assim, as autoridades fiscais exigem que os PT sejam determinados de forma que possam repartir o rendimento tributável entre os diferentes países e assegurar que um certo nível de tributação, tido como adequado, tenha lugar.

A determinação dos PT no contexto de um grupo multinacional constitui uma preocupação significativa, tanto para os sujeitos passivos como para as administrações fiscais. É que as regras dos PT afetam a forma como os lucros e perdas são repartidos entre empresas associadas em diferentes jurisdições. Segundo Langbein & Fuss (2018), citados por Greil (2021), isto significa que o princípio de plena concorrência determina o montante do rendimento do investimento direto estrangeiro (IDE) em cada país e, consequentemente, desempenha um papel relevante na melhoria da equidade tributária entre nações.

Na ótica de Klassen *et al.* (2017) é exigido que as empresas utilizem o princípio de plena concorrência na fixação dos preços. Ou seja, que fixem um preço como se a transação ocorresse entre partes não relacionadas para bens semelhantes, em termos similares. O grau em que as EMN utilizam os PT para reduzir o imposto sobre as sociedades não é conhecido com precisão, uma vez que o preço «de plena concorrência» é frequentemente mais um conceito do que uma quantia fixada.

Na maioria dos casos não há um preço preciso para bens transacionados, mas sim custos e benefícios significativos para ajustar os preços intragrupo para alcançar os resultados fiscais desejados. Segundo Gordon & Hides (2002) os estudos que examinam o comércio intragrupo motivado por questões fiscais fornecem provas indiretas de que os PT são utilizados como um instrumento para a minimização dos impostos.

Segundo Martins (2015), as empresas e as autoridades fiscais têm um desafio cada vez mais exigente, decorrente da necessidade de validação do princípio de plena concorrência e da análise às eventuais correções aos preços praticados nas relações especiais nas EMN.

No n.º 1, do Artigo 9.º do Modelo de Convenção Fiscal da OCDE, que constitui a base das convenções fiscais bilaterais celebradas entre os países membros e não membros da OCDE, é estipulado o seguinte:

> [Quando] ...duas empresas relacionadas, nas suas relações comerciais ou financeiras, estiverem ligadas por condições aceites ou impostas que difiram das que seriam estabelecidas entre empresas independentes, os lucros que, se não existissem essas condições, teriam sido obtidos por uma das empresas, mas não o foram por causa dessas condições, podem ser incluídos nos lucros dessa empresa e tributados em conformidade.

De acordo com o n.º 1, do artigo 63.º do CIRC, o normativo legal português em matéria de PT, alinhado com os princípios diretores da OCDE, estabelece que a valorização das transações entre entidades relacionadas deve ser consistente com o princípio de plena concorrência. Adicionalmente, este princípio encontra-se vertido no n.º 1, do artigo 1.º da Portaria n.º 1446-C/2001 dispondo que «(...) devem ser contratados, aceites e praticados termos e condições substancialmente idênticos aos que normalmente seriam contratados, aceites e praticados entre entidades independentes em operações comparáveis».

Do ponto de vista da OCDE, a análise de comparabilidade está no centro da aplicação do princípio de plena concorrência. Ao efetuar uma análise de comparabilidade, deve realizar-se uma comparação de uma transação controlada com uma transação, ou com transações, não controladas. As transações controladas e não controladas são comparáveis se nenhuma das diferenças entre elas puder afetar materialmente o fator examinado na metodologia de PT, ou se puderem ser feitos ajustamentos razoavelmente precisos para eliminar os efeitos materiais de quaisquer dessas diferenças (OCDE, 2017, pp. 35).

Da aplicação do referido princípio ressaltam, desde logo, algumas questões. A primeira será a de identificar qual a operação vinculada a avaliar. Isto é, se a avaliação deverá incidir sobre cada operação vinculada ou se se poderá considerar um conjunto de operações. A segunda prende-se com a identificação de como deverão ser avaliadas e valorizadas as operações vinculadas, isto é, como deverá ser determinado o PT. A terceira incidirá em conhecer em que circunstâncias duas ou mais operações são comparáveis; ou seja, que fatores deverão ser levados em linha de conta na aferição da comparabilidade. Por último, importa saber onde poderão ser identificadas tais operações comparáveis.

2.2. O princípio da comparabilidade das transações

De acordo com as Orientações da OCDE, a transação sobre a qual se aplica o método de preços de transferência deve ser aquela que permite identificar os dados comparativos mais fiáveis, quer do ponto de vista contabilístico, quer do ponto de vista económico e financeiro. E, ainda, quanto ao tipo de documentação de suporte passível de utilizar para testar a aplicação do princípio de plena concorrência.

Assim sendo, a escolha dessa transação / atividade / entidade deverá obedecer a alguns critérios objetivos, dos quais salientamos os seguintes:

- Transação / atividade / entidade considerada como menos complexa no âmbito da cadeia de valor, nomeadamente ao nível de outras transações / atividades / entidades com operações intragrupo; e
- Transação / atividade / entidade que não detenha/utilize ativos incorpóreos de valor considerável ou únicos, por forma a ser mais facilmente comparável face ao mercado.

Neste sentido, a *tested party*[14] deverá ser a transação / atividade / entidade que permita a mais correta avaliação da metodologia de formação de preço e dos procedimentos seguidos, tendo em consideração o princípio de plena concorrência (OCDE, 2017, pp. 147).

Segundo Greil (2021) a seleção do(s) método(s) de determinação dos PT depende de um conjunto de fatores, tais como a natureza da operação, o tipo de produto e o setor de atividade, não existindo um método que possa ser aplicável em toda e qualquer circunstância.

A comparabilidade tem, pois, em conta diversos fatores:

- **as características dos bens ou dos serviços** — na transmissão de bens destacam-se, por exemplo, as características físicas dos ativos, a quantidade, a qualidade, a fiabilidade, a disponibilidade. No caso de ativos intangíveis, tem-se em conta o tipo de transação (por exemplo, a concessão de uma licença de *software*), o tipo de ativos (por exemplo, marcas, patentes, *know-how*), a duração e os benefícios futuros esperados. Em relação às prestações de serviços são consideradas, essencialmente, a natureza e a extensão do serviço prestado;
- **as condições e os termos contratuais** — os quais devem ser tidos em conta no âmbito de qualquer análise comparativa a partir do momento em que exercem uma influência na relação transacional (por exemplo, preços, condições de pagamento e entrega, garantias, direitos e deveres das partes contraentes);
- **as funções, ativos e riscos desempenhados pelas partes** — no caso das funções tem-se em conta a natureza, a frequência e o montante de funções (*e.g.*, produção, administração, distribuição, financeira) que cada entidade desempenha no seu contexto operacional. Relativamente aos ativos é tido em conta o seu período de vida útil, o seu valor escriturado, o montante de depreciações e amortizações. No caso dos riscos, analisam-se aqueles a que a entidade está sujeita, como sejam o risco de mercado, o risco de crédito, o risco cambial, o risco financeiro.
- **as condições económicas do mercado** — as condições dos mercados podem afetar significativamente o preço de um bem ou de um serviço, tais como: a localização geográfica, a dimensão do mercado, as posições dos vendedores e compradores, o nível de concorrência. De realçar, ainda, o relevo do nível de oferta e procura, do poder de compra dos consumidores, dos custos de produção.
- **as estratégias empresariais** — as estratégias das empresas podem influir na determinação dos PT na medida em que desenvolvam novos produtos, diversifi-

[14] A entidade a testar.

quem a atividade, adotem novos canais de distribuição ou penetrem novos mercados. Uma empresa que pretende aumentar a sua quota de mercado pode praticar, temporariamente, preços inferiores aos de plena concorrência, ou aumentar os seus custos de *marketing* e publicidade, por exemplo.

As transações controladas e não controladas são comparáveis se nenhuma das diferenças entre elas puder afetar materialmente os preços nelas praticados. Ou se puderem ser feitos ajustamentos razoavelmente precisos para eliminar os efeitos de quaisquer dessas diferenças.

2.3. Análise funcional e de Riscos

Segundo Martins *et al.* (2020) o fator chave na determinação do preço de mercado a usar como comparável é a similitude das transações das entidades relacionadas face às que são realizadas entre entidade independentes.

Para Muzychuk & Fomina (2021) a análise funcional é um elemento importante e crítico da documentação dos PT, independentemente do tipo de transação a ser declarada (venda de bens ou de serviços, empréstimos entre empresas ou seguros). A análise funcional identifica as funções, ativos e riscos que cada entidade utiliza e que contribuem economicamente para as transações entre partes relacionadas. Os resultados desta análise são utilizados para selecionar o método mais relevante na determinação dos PT.

Alguns dos principais problemas enfrentados pelas EMN no decurso da análise de funções, ativos e riscos é a falta de uma metodologia unificada para a realização desta análise. A que acresce a insuficiência, em alguns países, de informação sobre transações comparáveis. Organizações internacionais como a OCDE, as Nações Unidas, o Fundo Monetário Internacional e o Grupo do Banco Mundial estabeleceram parcerias com o objetivo de ajudar os países em desenvolvimento no acesso a ferramentas e bases de dados fidedignas.

A análise funcional procura identificar as atividades e responsabilidades economicamente significativas realizadas, os ativos utilizados ou contribuídos, e os riscos assumidos pelas partes nas transações (OCDE, 2017, pp. 51). Esta análise constitui a base necessária para estabelecer a metodologia de PT a adotar na análise das condições e dos termos acordados nas transações vinculadas. Segundo o artigo 5.º da Portaria n.º 1446-C/2001 «(...) o grau de comparabilidade entre uma operação vinculada e uma operação não vinculada deve ser avaliado, tendo em conta, designadamente, os seguintes fatores: (...) as funções desempenhadas pelas entidades intervenientes nas operações, tendo em consideração os ativos utilizados e os riscos assumidos (...)».

Nas recomendações da OCDE são estabelecidos seis passos para a análises de riscos (OCDE, 2017, pp. 54–55):

1) Identificação dos riscos economicamente significativos;
2) Determinação de quão específicos e economicamente significativos são os riscos assumidos pelas entidades relacionadas nos termos de uma operação vinculada;
3) Determinação de quais as entidades relacionadas que operam em relação à assunção e gestão dos riscos específicos e economicamente significativos;
4) Interpretação da informação e determinação da consistência da conduta efetiva com a assunção do risco prevista em contratos;
5) Recaracterização do risco, ou seja, quando a parte que assume os riscos previstos nos passos 1 a 4 não controla o risco ou não tem capacidade financeira para assumir o risco, aplicam-se recomendações específicas;
6) Formação do preço, tendo em conta as consequências económico-financeiras, entre outras, da assunção do risco e as funções da respetiva gestão.

A análise de funções, ativos e riscos revela-se fulcral. Ela permite organizar e sistematizar os factos mais relevantes do negócio da empresa em termos das suas funções, riscos e ativos e, desta forma, entender o valor acrescentado de cada uma das entidades envolvidas nas operações vinculadas. Esta análise serve para identificar as operações ou entidades comparáveis que permitirão definir o intervalo de plena concorrência e, por conseguinte, os preços ou margens que devem ser praticados nas operações vinculadas sob escrutínio (OCDE, 2017, pp. 51–52).

De acordo com Martins *et al.* (2020) o motivo mais comum para a existência de litígios relacionados com PT é a questão da comparabilidade. Na maioria dos casos, os auditores fiscais não têm condições de tempo disponível para produzir relatórios com uma análise desenvolvida da comparabilidade. Além de, em certos casos, terem uma pressão adicional para realizar as inspeções, em face dos prazos de caducidade. Por outro lado, as EMN tentam usar qualquer tipo de discrepâncias, com o objetivo de litigarem ajustamentos de PT com base em deficiências na análise de comparabilidade.

Outro fator que pode dar origem a fortes divergências entre as autoridades tributárias e as EMN é o método escolhido para determinar o preço de plena concorrência, como seja o método do preço comparável de mercado. A legislação nacional e as diretrizes da OCDE exigem que a sua utilização implique «o mais alto grau de comparabilidade dos itens selecionados, condições contratuais e, funções desempenhadas pelas entidades envolvidas».

Não é difícil de prever que, num número significativo de casos, as autoridades tributárias optam por comparações internas; sendo depois contestadas pelos sujeitos passivos com base no facto de essas comparações carecerem de robustez, dadas as eventuais discrepâncias na especificação do produto, na segmentação do mercado e nas condições financeiras da operação que não são comparáveis com bens e serviços vendidos a entidades independentes.

Como se evidenciou no presente capítulo, o princípio de plena concorrência é um tema fundamental e de elevada complexidade no que concerne ao seu tratamento em matéria de PT. A determinação do preço de mercado implica a comparabilidade das transações de entidades relacionadas com operações idênticas às praticadas entre entidades independentes. Desta forma, e dada a meticulosidade que uma análise de comparabilidade envolve, surge a necessidade de conhecer e aprofundar o estudo desta problemática atendendo ao contexto socioeconómico vivido em tempo de pandemia. Até por que, nos próximos anos, muitas auditorias fiscais aos PT se realizarão a estes exercícios.

Como se sabe, a pandemia Covid-19 trouxe consequências no âmbito da aferição do princípio de plena concorrência, supondo-se a adaptação do referido princípio ao contexto pandémico.

No próximo capítulo será feita a análise sobre como deve o princípio de plena concorrência ser aplicado em transações vinculadas afetadas pela crise da Covid-19. Adicionalmente, será ainda realizada uma análise aos setores automóvel e farmacêutico, para inquirir de que forma o seu desempenho e a respetiva informação financeira foram afetados pela pandemia.

CAPÍTULO III — O IMPACTO DA PANDEMIA EM MATÉRIA DE PREÇOS DE TRANSFERÊNCIA

O ano de 2020 foi marcado pelo impacto negativo da Covid-19, que teve origem na China no final de 2019 e se disseminou rapidamente por todo o planeta, tendo gerado uma crise sanitária pública global.

Neste contexto, de acordo com o *World Economic Outlook*, publicado em abril de 2021 pelo Fundo Monetário Internacional (FMI), a economia mundial registou um decréscimo de 3,3% face ao ano de 2019. Numa fase inicial, as estimativas apontavam para uma contração da economia três vezes maior do que a registada. No entanto, as políticas económicas implementadas na generalidade dos países mitigaram os efeitos do choque pandémico, evitando problemas graves nos mercados financeiros, facilitando a concessão ou a renegociação de créditos e, consequentemente, criando condições para a recuperação da atividade.

O comércio mundial registou uma queda de 8,5% em 2020, tendo as diversas economias sido afetadas de forma diferenciada, em parte refletindo a evolução da pandemia e a severidade das medidas de contenção associadas. No primeiro semestre, o comércio foi afetado pela quebra na procura mundial e por perturbações nas cadeias de produção e de abastecimento em diferentes países. O segundo semestre do ano ficou marcado por um período de recuperação e alívio das medidas de confinamento.

3.1. Razões para a escolha dos setores automóvel e farmacêutico

A evolução dos setores de atividade em Portugal seguiu a linha de tendência mundial, tendo sido (consoante os bens ou serviços produzidos) positiva ou negativamente afetados pela pandemia.

As razões pelas quais foi escolhido, neste estudo, o setor automóvel para a análise empírica realizada prendem-se com o facto de esta indústria ter vindo a sofrer uma evolução marcante, no sentido da modernização técnica, e ser considerada como um setor estratégico. A transformação verificada neste setor não se baseia apenas no valor das exportações de veículos e respetivos componentes e no seu peso no conjunto das exportações. Ela está ainda relacionada com o facto de existir um *cluster* nacional formado pelos diversos setores da indústria transformadora, que engloba desde empresas do setor metalúrgico e dos moldes, passando pelo fabrico de pneus e outros componentes em borracha e plástico, até aos têxteis, vidros e eletrónica.

Sendo um setor responsável por uma percentagem importante do PIB (cerca de 3%, em 2020) e de uma grande fatia das exportações nacionais, esta indústria concentra um universo de empresas que compreende uma percentagem muito significativa dos trabalhadores em Portugal (Deloitte, 2020).

Desta forma, considerou-se relevante ser este um dos setores alvo do estudo de comparabilidade. Sendo, até 2019, um setor em crescimento e com peso significativo na economia portuguesa, sofreu, com o surgimento da pandemia em 2020, um forte abalo. As variações na estrutura de rendimentos e gastos provocadas pela paragem da atividade operacional do setor, as alterações e adaptações nas funções e riscos inerentes ao setor e as possíveis alterações nas cadeias de valor, são fenómenos que desencadearam especial interesse e que merecem ser alvo de análise em matéria de preços de transferência.

No que respeita ao setor farmacêutico, é facto que os medicamentos são imprescindíveis para o grau de saúde geral de uma sociedade. Tem o setor, por isso, um papel central na qualidade de vida das populações e no desempenho global dos sistemas de saúde. São notáveis os avanços alcançados nos últimos anos, com os medicamentos a contribuírem de forma decisiva para tais conquistas. Os medicamentos inovadores desenvolvidos pelas empresas farmacêuticas permitem mais anos de vida saudável, maior produtividade e rendimento para as famílias.

Contrariamente ao verificado na indústria automóvel, estima-se que, com a pandemia, este setor tenha saído beneficiado quanto à estrutura de rendimentos e gastos. Com a propagação da Covid-19 pelo mundo, seria expectável que esta indústria tivesse capacidade de resposta no desenvolvimento de novas soluções e alternativas para a mitigação do vírus. Desta forma, surge a principal razão para este setor ter sido escolhido para alvo de uma análise de comparabilidade em sede de preços de transferência. Face ao contexto pandémico e à rápida adaptação a esta nova realidade, é importante analisar, por via da comparação das rentabilidades auferidas em 2019 e 2020, de que forma variou a estrutura de custos e proveitos do setor e se terá assumido funções e riscos diferentes dos habitualmente incorridos.

De seguida, e por forma a contextualizar cada um dos setores na economia mundial e em Portugal, faremos um breve enquadramento da indústria automóvel e da farmacêutica, para os anos 2019 e 2020, com os principais impactos provocados pela pandemia, em cada área de atividade.

3.2. Impacto da Covid-19 na indústria automóvel

3.2.1. Dados mundiais

A indústria automóvel contribui significativamente para a economia mundial. Com a propagação da pandemia, esta indústria enfrentou uma descida abrupta na procura e no investimento, provocada pela interrupção repentina e generalizada da atividade económica, tendo as cadeias de abastecimento parado e muitas fábricas fechado. As restrições à circulação das pessoas e a súbita interrupção da atividade económica provocaram uma forte contração na produção do setor e no Produto Interno Bruto (PIB).

Segundo a Associação Europeia de Fabricantes de Automóveis (ACEA)[15], a disseminação da Covid-19 e os esforços necessários para a conter pesaram bastante na procura global por automóveis. Conforme se evidencia na tabela 3, o número de viaturas de passageiros vendidas em todo o mundo caiu em cerca de 15,3%, de 74,9 milhões de viaturas em 2019 para 63,4 milhões em 2020.

Ao longo do ano de 2020, o mercado da América do Sul foi o mais afetado, registando um decréscimo de 29,2% nas vendas de viaturas de passageiros face ao ano transato. Na Ásia, destaca-se a Coreia do Sul com um incremento de cerca de 9%, em relação ao ano anterior, e a China que, apesar de ter sido um país bastante afetado pela pandemia, conseguiu recuperar e apenas registou uma diminuição de 6,8% nas suas vendas, face a 2019. O mercado europeu de automóveis de passageiros registou uma quebra de 20,6%, com especial destaque no decréscimo registado em toda a União Europeia, de cerca de 23,7%, face a 2019.

TABELA 3
VENDA DE NOVAS VIATURAS DE PASSAGEIROS A NÍVEL MUNDIAL, 2019–2020

	2020	2019	% variação 20/19	% vendas em cada região / total 2020
EUROPA	**14 381 719**	**18 112 057**	**-20,6**	**22,7**
União Europeia	9 942 509	13 028 948	-23,7	15,7
EFTA	387 609	465 570	-16,7	0,6
Reino Unido	1 631 064	2 311 140	-29,4	2,6
Rússia	1 505 093	1 638 065	-8,1	2,4
Turquia	610 109	387 256	57,5	1,0
Ucrânia	85 866	90 207	-4,8	0,1
Outros países da Europa	219 469	190 871	15,0	0,3
AMÉRICA DO NORTE	**13 166 862**	**16 038 444**	**-17,9**	**20,8**
entre os quais: EUA	11 233 042	13 464 172	-16,6	17,7
AMÉRICA DO SUL	**2 507 177**	**3 539 446**	**-29,2**	**4**
entre os quais: Brasil	1 615 056	2 262 017	-28,6	2,5
ÁSIA	**30 664 108**	**33 959 472**	**-9,7**	**48,4**
China	19 734 117	21 163 413	-6,8	31,1
Japão	3 814 090	4 295 672	-11,2	6,0
Índia	2 491 242	3 072 410	-18,9	3,9
Coreia do Sul	1 623 657	1 489 156	9,0	2,6
Outros países da Ásia	3 001 002	3 938 821	-23,8	4,7
MÉDIO ORIENTE / ÁFRICA	**2 684 752**	**3 247 640**	**-17,3**	**4,2**
TOTAL NO MUNDO	**63 404 618**	**74 897 059**	**-15,3**	**100,0**

Fonte: ACEA, IHS MARKIT.

[15] Fundada em 1991 sob o nome francês «Association des Constructeurs Européens d'Automobiles». São membros fundadores entidades como: BMW, DAF, Daimler-Benz, FIAT, Ford, General Motors Europe, MAN, Porsche, Renault, Rolls-Royce, Rover, Saab-Scania, Volkswagen, Volvo Car e AB Volvo. Site oficial: https://www.acea.auto/about-acea/, consultado a 6 de maio de 2022.

No que respeita à produção automóvel de passageiros, é notório o impacto da pandemia. Conforme se observa na tabela 4, na Europa a produção contraiu cerca de 22,3%, para 14,1 milhões de unidades produzidas. Os Estados Unidos da América também fecharam o ano em queda geral, com um decréscimo da produção de cerca 17,6%, em relação a 2019.

A indústria automóvel na América do Sul encerrou o ano de 2020 com o nível mais baixo desde 2003, tendo a produção diminuído em 34,2%, para menos de 1,8 milhões de unidades. O Brasil, o principal país produtor, enfrentou perdas semelhantes, tendo registado quebras na produção de 34,3%, para 1,6 milhão de unidades fabricadas.

A economia da China melhorou no último trimestre de 2020, levando a uma recuperação na produção de automóveis de passageiros. Embora tenha permanecido em território negativo, em comparação com 2019, recuperou de uma queda de 19,1%, registada de janeiro a setembro de 2020, para uma diminuição de 6,4%.

A crise pandémica também infligiu efeitos negativos na produção japonesa e sul-coreana desde fevereiro de 2020. A diminuição da procura em todo o mundo, combinada com a escassez de componentes, levou à paralisação de fábricas. No entanto, a melhoria das condições de mercado fez com que a produção aumentasse gradualmente no quarto trimestre de 2020. Como resultado, a produção do ano de 2020 caiu 16,0% no Japão e 10,3% na Coreia do Sul.

Ao longo de todo o ano de 2020 a produção de automóveis de passageiros mundial diminuiu cerca de 16,9%, para 61,4 milhões de viaturas produzidas.

TABELA 4
PRODUÇÃO MUNDIAL DE VIATURAS DE PASSAGEIROS, 2019 E 2020

	2020	2019	% variação 20/19	% produção em cada região / total 2020
EUROPA	**14 131 321**	**18 178 364**	**-22,3**	**23,0**
União Europeia	10 810 265	14 096 291	-23,3	17,6
Rússia	1 247 278	1 509 638	-17,4	2,0
Reino Unido	918 526	1 306 957	-29,7	1,5
Turquia	827 830	944 087	-12,3	1,3
Ucrânia	4 265	6 367	-33,0	0,0
Outros países da Europa	323 157	315 024	2,6	0,5
AMÉRICA DO NORTE	**9 694 810**	**12 173 713**	**-20,4**	**15,8**
entre os quais: EUA	6 147 781	7 456 656	-17,6	10,0
AMÉRICA DO SUL	**1 755 366**	**2 667 108**	**-34,2**	**2,9**
entre os quais: Brasil	1 608 870	2 449 242	-34,3	2,6
ÁSIA	**34 416 295**	**39 242 881**	**-12,3**	**56,1**
China	19 344 024	20 675 568	-6,4	31,5
Japão	6 933 486	8 252 646	-16,0	11,3
Coreia do Sul	3 254 147	3 629 252	-10,3	5,3
Índia	2 760 062	3 570 435	-22,7	4,5
Tailândia	624 531	955 105	-34,6	1,0
Indonésia	529 619	1 028 782	-48,5	0,9
Outros países da Ásia	970 426	1 131 093	-14,2	1,6
MÉDIO ORIENTE / ÁFRICA	**1 358 616**	**1 549 139**	**-12,3**	**2,2**
entre os quais: Irão	812 529	703 555	15,5	1,3
TOTAL NO MUNDO	**61 356 408**	**73 811 205**	**-16,9**	**100,0**

Fonte: IHS MARKET.

Na União Europeia, em todo o ano de 2020, (cf. tabela 5) a produção de automóveis de passageiros caiu 23,3%, cerca de 3,3 milhões de unidades produzidas a menos do que em 2019. Com a diminuição da procura e a implementação de restrições provocadas pela pandemia, a produção e as vendas de automóveis foram fortemente afetadas. A produção de automóveis de passageiros diminuiu em todos os principais países fabricantes da UE. A França sofreu a maior queda (cerca de -45,8%), caindo para o quinto lugar entre os principais fabricantes de automóveis da UE. Os outros dois mercados que apresentaram as quedas mais fortes foram a Alemanha e a Espanha com diminuições de 24,3% e de 19,5%, respetivamente. Ainda assim estes países mantiveram as suas posições como o maior e o segundo maior produtor de automóveis de passageiros da UE.

TABELA 5
PRODUÇÃO DE VIATURAS DE PASSAGEIROS NA UNIÃO EUROPEIA, 2019–2020

	2020	2019	% variação 20/19
Alemanha	3 403 981	4 493 769	-24,3
Espanha	1 751 891	2 175 909	-19,5
República Checa	1 129 184	1 398 996	-19,3
Eslováquia	943 847	1 072 858	-12,0
França	861 660	1 590 636	-45,8
Itália	476 288	548 688	-13,2
Roménia	437 628	490 412	-10,8
Hungria	432 603	524 348	-17,5
Suécia	256 671	285 709	-10,2
Bélgica	237 261	247 020	-4,0
UNIÃO EUROPEIA	**10 810 265**	**14 096 291**	**-23,3**

Fonte: IHS MARKET.

3.2.2. Dados em Portugal

A pandemia, a escassez de matérias-primas e de produtos intermédios (como os semicondutores e outros componentes eletrónicos) são das razões mais apontadas pelos representantes do setor para explicar os constrangimentos que se verificaram nas cadeias de abastecimento, obrigando os fabricantes de veículos e de componentes a paragens na produção. A pandemia conduziu a profundas ruturas nas cadeias de aprovisionamento, nos canais de distribuição, na disponibilidade de mão-de-obra e na continuidade da atividade dos fornecedores. Tal traduziu-se no progressivo encerramento das unidades de produção automóvel a operar em Portugal a partir do final de março de 2020.

Segundo dados da Associação Automóvel de Portugal (ACAP[16]), em março de 2020 foram produzidos apenas 17 096 veículos automóveis ligeiros e pesados, tendo-se verificado uma forte queda de 46,1%, conforme tabela 6. Em termos acumulados, no primeiro trimestre de 2020 registou-se um decréscimo de 18,3% na produção face ao período homólogo, correspondendo a 77 204 unidades fabricadas em 2020.

[16] Associação empresarial privada que representa, há mais de 100 anos, o setor automóvel em Portugal. Site oficial: https://www.acap.pt/pt/quem_somos?cat=9, consultado a 14 de maio de 2022.

TABELA 6
PRODUÇÃO AUTOMÓVEL EM PORTUGAL, MARÇO *VS.* 1.º TRIMESTRE 2020

	Março 2020			
	Unidades	Variação 19/20	Unidades	Variação 19/20
Ligeiro de Passageiros	13 686	-47,1%	62 103	-20,5%
Comerciais Ligeiros	3 203	-39,3%	14 149	-4,5%
Veículos Pesados	207	-61,10%	952	-36,4%
Total Produção Automóvel	**17 096**	**-46,1%**	**77 204**	**-18,3%**

Fonte: ACAP.

Conforme mostra a tabela 7, dados da mesma fonte indicam que, em dezembro de 2020, foram produzidos, em Portugal, 13 368 veículos automóveis ligeiros e pesados, tendo-se verificado um decréscimo de 44,5% em comparação com o mesmo mês do ano anterior.

Em termos acumulados, de janeiro a dezembro de 2020 registou-se um decréscimo de 23,6% em comparação com o período homólogo, correspondendo a 264 236 unidades fabricadas em 2020.

TABELA 7
PRODUÇÃO AUTOMÓVEL EM PORTUGAL, DEZEMBRO *VS.* ANO 2020

	Dezembro 2020			
	Unidades	Variação 19/20	Unidades	Variação 19/20
Ligeiro de Passageiros	10 263	-47,4%	211 281	-25,1%
Comerciais Ligeiros	2 864	-31,2%	49 855	-14,3%
Veículos Pesados	241	-39,10%	3 100	-42,6%
Total Produção Automóvel	**13 368**	**-44,50%**	**264 236**	**-23,60%**

Fonte: ACAP.

As estatísticas da ACAP confirmam ainda a importância das exportações para o setor automóvel. No ano de 2020, 97,9% dos veículos fabricados em Portugal tiveram como destino o mercado externo, o que contribuiu de forma assinalável para a balança comercial portuguesa.

A Europa continuou a ser o mercado mais importante nas exportações dos veículos fabricados em território nacional (cerca de 94,3%), com a Alemanha (20,4%), França (16,2%), Itália (11,7%), Espanha (11,0%) e Reino Unido (7,6%) no topo do *ranking*.

Segundo a Direção-Geral das Atividades Económicas, as empresas de fabricação de veículos automóveis, reboques, semirreboques e de componentes têm um peso muito relevante no tecido empresarial português. Liderando, em 2020, as exportações nacionais da indústria transformadora com cerca de 20,2%; e representando cerca de 3,8% do Produto Interno Bruto (PIB) nacional.

O volume de negócios atingiu os 4,6% do PIB e é aquele que regista o sexto maior valor entre os setores não financeiros da economia nacional.

Em 2020, o setor automóvel nacional contava com 752 empresas, e mais de 43,2 mil pessoas ao serviço, número que sofreu uma redução de 2,4% em relação a 2019. A ACEA identifica as 5 maiores unidades de produção e montagem em Portugal, conforme indicado na tabela 8.

TABELA 8
UNIDADES DE PRODUÇÃO E MONTAGEM EM PORTUGAL

Localização	Produtor	Tipo de Produção	Marca
Mangualde	STELLANTIS	Veículos comerciais ligeiros	Peugeot, Citroen
Ovar	TOYOTA MOTOR EUROPE	Veículos comerciais ligeiros	Toyota
Palmela	VOLKSWAGEN AG	Veículos ligeiros de passageiros	Volkswagen, Seat
Tramagal	DAIMLER GROUP	Veículos pesados de mercadorias	Fuso
Vila Nova de Gaia	CAETANOBUS	Autocarros	Caetano, Cobus

Fonte: ACEA, 2020.

O impacto negativo da redução da procura e produção de veículos fez-se sentir ao longo de toda a cadeia de valor da indústria automóvel. Nesta participam outros setores de grande valor estratégico para a economia nacional, como é o caso do têxtil ou do couro, por exemplo. A cadeia de valor do setor automóvel é bastante alargada e, para além do setor de fabrico de veículos automóveis, há um vasto conjunto de atividades conexas nela envolvidas tais como:

- Carroçarias, reboques e semirreboques;
- Componentes e acessórios;
- Componentes, moldes e ferramentas metálicas;
- Equipamento elétrico e eletrónico;
- Máquinas e equipamentos;
- Borracha e matérias plásticas;
- Vidro;
- Couro;
- Têxtil.

3.3. Impacto da Covid-19 na indústria farmacêutica

3.3.1. Dados mundiais

A indústria farmacêutica desempenha um papel fundamental na luta contra a doença. Como tal, a pandemia veio impulsionar esta indústria a contribuir para soluções preventivas e terapêuticas. Segundo dados da IQVIA[17], o mercado farmacêutico mundial tem registado um crescimento gradual nos últimos anos.

No final do ano de 2020, o mercado farmacêutico global foi avaliado em cerca de 1270 mil milhões de dólares americanos, face a um valor registado em 2001 de 390 mil milhões. Conforme evidencia a tabela 9, os Estados Unidos constituem o principal mercado de produtos farmacêuticos, com 533,5 mil milhões de dólares em 2020, representando um crescimento de 6% das receitas face a 2019. A ocupar o segundo e terceiro lugares do *ranking* estão a China e o Japão. Nestes dois países, embora as receitas tenham diminuído ligeiramente face a 2019, o mercado representa, respetivamente, 93 e 79,2 mil milhões de dólares americanos. Saliente-se, ainda, na América do Sul, o Brasil com um incremento de 12,2% e, na Europa, os mercados da Alemanha e do Reino Unido ambos com um aumento de 6,7%, face a 2019.

[17] A IQVIA, anteriormente denominada por Quintiles e IMS Health, Inc., desenvolve estudos que avaliam o consumo e tendências dos medicamentos e produtos farmacêuticos junto dos diferentes *stakeholders*: armazenistas, farmácias, parafarmácias independentes e da moderna distribuição, consumidores, médicos, entre outros. Site oficial: https://www.iqvia.com/about-us, consultado a 26 de maio de 2022.

TABELA 9
TOP 10 DOS PRINCIPAIS MERCADOS FARMACÊUTICOS COM MAIORES RECEITAS, 2020

Posição	País	Vendas 2020 (biliões, US$)	% Variação 2019/2020
1	Estados Unidos	533.5	6,0
2	China	93.0	-2,4
3	Japão	79.2	-1,9
4	Alemanha	56.6	6,7
5	França	37.8	3,4
6	Itália	33.4	-0,5
7	Reino Unido	28.7	6,7
8	Espanha	26.3	5,9
9	Canadá	23.9	5,6
10	Brasil	21.0	12,1
	Top 10 - Mercados farmacêuticos	**1162.3**	**4,2**

Fonte: IQVIA (Statista 2021).

A indústria farmacêutica assumiu rapidamente um papel central no combate contra a Covid-19. Nomeadamente, no desenvolvimento de medicamentos e vacinas capazes de mitigar a propagação do vírus pela população mundial.

O Gráfico 1 mostra as receitas globais das principais empresas farmacêuticas[18] em 2019 e em 2020. Saliente-se a Johnson & Johnson, que gerou quase 83 mil milhões de dólares de receitas em 2020. Estas devem-se essencialmente à vacina *Janssen*, desenvolvida contra a Covid-19, tornando-se numa das maiores empresas farmacêuticas produtoras. Seguem-se a Roche, fabricante de testes, com 58,3 mil milhões de dólares e a Novartis com cerca 50 mil milhões de dólares gerados. Ainda que estas três farmacêuticas tenham sido as que mais geraram receitas, destaquem-se a AbbVie e a Bristol-Myers, que evidenciaram a maior variação.

[18] Principais farmacêuticas classificadas segundo artigo publicado pela Fierce Pharma. A Fierce Pharma desenvolve estudos na área da indústria farmacêutica. Site oficial: https://www.fiercepharma.com/, consultado a 26 de maio de 2022.

GRÁFICO 1
TOP 10 FARMACÊUTICAS: RECEITAS GLOBAIS, 2019–2020

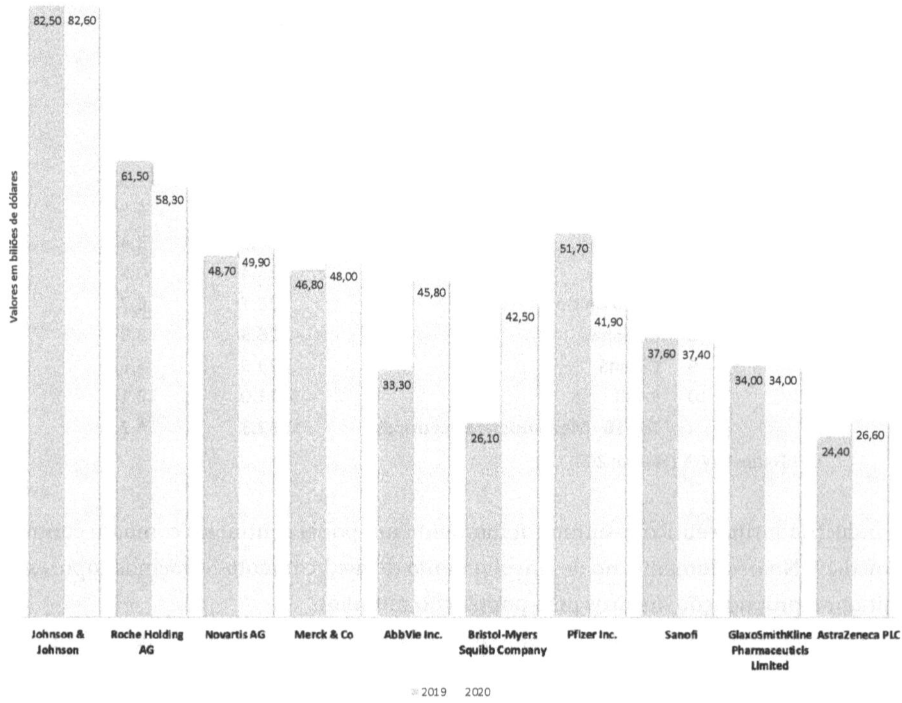

Fonte: Yahoo Finance.

Conforme mostra a tabela 10, a AbbVie e a Bristol-Myers registaram aumentos nas suas receitas na ordem dos 37,54% e 62,84%, respetivamente. Por via do aumento da venda de medicamentos para o tratamento de depressões e doenças imunológicas, no caso da AbbVie, e pelo aumento da venda de medicamentos para o tratamento do cancro e anticoagulantes, no caso da Bristol-Myers (Fierce Pharma, 2020).

Destaque-se ainda a Pfizer, em parceria com a farmacêutica BioNTech, que foi das primeiras farmacêuticas a desenvolver uma vacina contra a Covid-19, a qual começou a ser comercializada ainda em 2020. Embora tenha verificado um decréscimo nas suas receitas em 2020, na ordem dos 18,96%, a grande fatia dos seus proveitos deveu-se à comercialização dessa vacina. A AstraZeneca também viu as suas receitas aumentadas em 9%, em 2020, por via do desenvolvimento e da venda da vacina *Oxford* contra a Covid-19 (Fierce Pharma, 2020).

TABELA 10
TOP 10 FARMACÊUTICAS: RECEITAS GLOBAIS, 2019-2020

Farmacêutica	Variação 20/19
Bristol-Myers Squibb Company	62,84%
AbbVie Inc.	37,54%
AstraZeneca PLC	9,02%
Merck & Co	2,56%
Novartis AG	2,46%
Johnson & Johnson	0,12%
GlaxoSmithKline Pharmaceuticls Limited	0,00%
Sanofi	-0,53%
Roche Holding AG	-5,20%
Pfizer Inc.	-18,96%

Fonte: Fierce Pharma.

3.3.2. Dados em Portugal

Segundo dados do Banco de Portugal[19], o setor farmacêutico em Portugal tem vindo a crescer significativamente ao longo das últimas décadas. Em 2020 foram identificadas cerca de 4121 empresas neste setor, empregando 43 591 pessoas. Em 2019 existiam 4043 empresas registadas, com um número de empregados de 42 527. Adicionalmente, este setor, em 2020, registou um volume de negócios de cerca de 13,4 mil de euros, representando um aumento de 6,3% face ao ano anterior.

Pode observar-se, no Gráfico 2, a presença por tipo de empresa no setor farmacêutico, e ainda o volume de negócios por tipo de empresa. Ora, pela análise do primeiro indicador, conclui-se que, das 4121 empresas a operar neste setor em 2020, 75,64% são microempresas, e que apenas 0,95% correspondem a grandes empresas.

No entanto, observando o referido Gráfico, constata-te que, embora as grandes empresas tenham menor presença em Portugal, são as que geram maiores vendas e serviços prestados, representando cerca 42,24% do volume de negócios global. Logo a

[19] Dados retirados do BP*stat*, o portal de estatísticas do Banco de Portugal através do qual é disponibilizada informação estatística sobre a economia portuguesa e da área euro. Site oficial: https://bpstat.bportugal.pt/sobre-o-bpstat, consultado a 28 de maio de 2022.

seguir as pequenas e as médias empresas constituem cerca de 22,25% e 20,21%, respetivamente, do volume de negócios do referido setor.

GRÁFICO 2
CLASSES DE DIMENSÃO, 2020

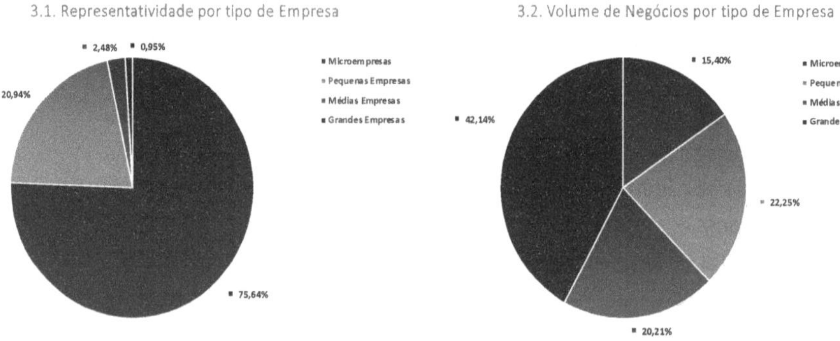

Fonte: BPStat.

A nível de segmentos por atividade económica, conforme representado na tabela 11, cerca de 67,99% das empresas deste setor correspondem à atividade de comércio a retalho de produtos farmacêuticos, 27,11% à atividade por grosso de produtos farmacêuticos, e apenas 4,90% à indústria farmacêutica. A atividade que gera maior volume de negócios é o comércio por grosso de produtos farmacêuticos.

TABELA 11
SEGMENTOS POR ATIVIDADE ECONÓMICA

	Indústria Farmacêutica	Comércio por grosso de produtos farmacêuticos	Comércio a retalho de produtos farmacêuticos
Nº de Empresas	4,90%	27,11%	67,99%
Volume de Negócios	12,68%	61,83%	25,49%

Fonte: BPStat.

De destacar, ainda, que a indústria farmacêutica foi a que sofreu uma maior variação positiva no seu volume de negócios, representando um aumento de cerca de 14,9% em 2020, face a 2019. O comércio por grosso de produtos farmacêuticos também seguiu esta linha de tendência, tendo incrementado as vendas e serviços prestados em cerca de 6,64% face ao ano anterior. Em suma, para 2020, o setor farmacêutico aumentou o seu volume de negócios global em 6,3% comparando com o ano transato.

O surgimento do novo vírus, trouxe a necessidade de medicamentos e vacinas capazes de o combater de forma eficaz e mitigar a respetiva propagação. Importa referir que, embora as indústrias farmacêuticas estejam a obter lucros substanciais, tais ganhos não estão apenas diretamente ligados à venda de produtos de combate à Covid-19. Segundo a OMS (2022), só em 2020 a pandemia desencadeou um aumento de 25% na prevalência de ansiedade e depressão nas pessoas em todo o mundo, consequência provocada pelos sucessivos confinamentos e pelo isolamento social.

Os dados da Autoridade Nacional do Medicamento e Produtos de Saúde (Infarmed), indicam que o consumo de antidepressivos, em Portugal, tem vindo a aumentar. Em 2019 venderam-se em média 25 667 embalagens por dia. Em 2020, o valor passou para 26 858. Em 2020, foram vendidas cerca de 10 233 236 embalagens de ansiolíticos, sedativos e hipnóticos.

3.4. Breves conclusões

Verifica-se que a pandemia veio impulsionar e estimular a produção da indústria farmacêutica, por via do desenvolvimento de vacinas para combate à propagação do vírus e, também, pelo aumento da produção e venda de outros medicamentos. Os dados mundiais comprovam que esta indústria, em 2020, acionou uma resposta rápida para combater o vírus. Os Estados Unidos da América e a Suíça foram os países que mais ganharam com a arrecadação de receitas derivadas do desenvolvimento da vacina.

No entanto, deve salientar-se que os aumentos verificados nas receitas deste setor não se cingem somente às vacinas, mas também às consequências do isolamento social e aos confinamentos, que desencadearam a prevalência de problemas do foro psicológico na população mundial.

No setor automóvel verifica-se o contrário, tendo-se comprovado uma regressão desta indústria no ano do surgimento da pandemia. Conforme se verificou, a produção mundial de viaturas esteve maioritariamente suspensa nesse período, bem como toda a linha de negócio, afetando outras áreas envolvidas. A escassez de matérias-primas, as limitações de circulação impostas pelo Governo, os confinamentos obrigatórios, e a consequente falta de mão de obra fabril, tudo implicou que as receitas deste setor tenham sido afetadas.

Perante esta evolução distinta, é natural que a informação financeira das empresas destes setores reflita realidades e desempenhos diferenciados.

Seguidamente, far-se-á uma abordagem ao tratamento sugerido pela OCDE sobre os impactos da pandemia na informação financeira usada em matéria de preços de transferência.

3.5. As orientações da OCDE sobre o efeito da pandemia nos Preços de Transferência

Os efeitos provocados pela Covid-19 refletem-se no domínio dos preços de transferência, com consequências muito relevantes na forma como as transações vinculadas são realizadas dentro dos grupos multinacionais, na forma como os preços são ajustados em tais transações, na informação financeira divulgada, e na abordagem a estas questões pelas autoridades fiscais.

A velocidade com que a pandemia se espalhou globalmente impediu as empresas de ajustarem totalmente os seus gastos. Embora muitas delas tenham fechado temporariamente, ou reduzido as suas operações, a maioria continuou a incorrer em custos, tais como:

- Distribuidores com quedas significativas nas vendas e não conseguiram reduzir as suas despesas operacionais;
- Retalhistas encerraram lojas devido às restrições e mantiveram os gastos com rendas e alugueres, fornecedores e outras despesas operacionais;
- Produtores fecharam fábricas temporariamente, ou desaceleraram a produção, mas continuaram a incorrer em custos de transporte, manutenção dos ativos fixos e gastos com o pessoal; e,
- Prestadores de serviços com capacidade reduzida devido à baixa procura, mas que suportaram certos gastos fixos.

Diante dos fatores acima descritos, seria muito provável que grande parte das empresas incorresse em perdas em 2020 devido à redução significativa do volume de negócios (Georgijew & Chung, 2020). A informação financeira divulgada espelharia assim os efeitos de um evento extraordinário, que poderia influenciar fortemente os preços, as margens e outros indicadores relevantes em matéria de PT.

Como tal, a OCDE publicou, em dezembro de 2020, um documento («Guidance on the Transfer Pricing Implications of the Covid-19 Pandemic») com recomendações no sentido de esclarecer e ilustrar como deveria o princípio da plena concorrência ser aplicado em transações vinculadas afetadas pela crise da Covid-19 (OCDE, 2020).

Com base no conteúdo das referidas recomendações, os contribuintes devem analisar os efeitos da pandemia nas suas políticas de preços de transferência, ajustar as análises económicas, rever os contratos intragrupo e verificar se existem alterações substanciais nos acordos prévios de preços de transferência celebrados ou em negociação.

Este documento fornece uma visão pragmática de determinadas realidades afetadas pela pandemia e reitera a necessidade de delinear adequadamente as transações intragrupo (em termos de funções, ativos e riscos assumidos pelas partes).

A OCDE ressalva que o objetivo de qualquer análise em sede de preços de transferência deverá ter o propósito de encontrar uma estimativa razoável de um resultado de plena concorrência. Enfatiza, ainda, que os contribuintes e as autoridades fiscais devem exercer um juízo valorativo para alcançar esse objetivo face aos desafios criados pela pandemia (PwC, 2020).

O papel do risco também assume bastante importância no contexto das transações entre entidades relacionadas. Segundo as Diretrizes de Preços de Transferência da OCDE, a pandemia da Covid-19 é enquadrada como um *hazard risk*[20] . Afeta diretamente outros tipos de risco relevantes para as análises de PT, tais como o risco de mercado relacionado com a procura, o risco operacional relacionado com as cadeias de abastecimento, e o risco financeiro relacionado com o custo de capital (OCDE, 2020, pp. 4).

As questões abordadas no documento são agrupadas em quatro temáticas:

- Análise de comparabilidade;
- Perdas e imputação de gastos relacionados especificamente com a Covid-19;
- Efeitos dos programas de assistência governamental; e,
- Impacto nos acordos prévios de preços de transferência.

3.5.1. Análise de comparabilidade

A pandemia afetou significativamente os preços de muitas operações empresariais. Também afetou gastos e margens. Consequentemente, reduziu a fiabilidade dos dados utilizados nas análises de comparabilidade, pelo que a OCDE recomenda que sejam utilizadas fontes alternativas de informação para tentar contornar o problema da qualidade dos dados.

---

[20] Um *hazard risk*, segundo as Diretrizes de Preços de Transferência da OCDE, está relacionado com os riscos que incluem eventos externos adversos que podem causar danos ou perdas, incluindo acidentes e desastres naturais, tais como a pandemia Covid-19.

Como tal, poderá ser útil analisar a evolução dos volumes de vendas durante a crise, do aumento das despesas extraordinárias, ou dos efeitos das políticas governamentais, bem como qualquer informação macroeconómica ou setorial. Em particular, uma opção sugerida para abordar as análises de comparabilidade a realizar em 2020 e nos exercícios seguintes afetados pela pandemia, é a de considerar a comparação entre valores financeiros reais e valores orçamentados (OCDE, 2020, pp. 5-6).

Geralmente, os dados financeiros da operação vinculada e das observações comparáveis selecionadas devem referir-se ao mesmo período. Considerando que, para o ano 2020, a informação só esteve disponível em meados de 2021, nas bases de dados mais usualmente utilizadas, a OCDE recomenda que os contribuintes façam uma utilização razoável dos dados, que possa ajudar a superar eventuais defeitos na informação financeira disponível. A razoabilidade pode entender-se como «comparar o que é comparável», não contaminando a análise de PT com dados influenciados por circunstâncias excecionais.

Sugere também que as administrações fiscais sejam compreensivas na avaliação dos PT, a fim de evitar a proliferação excessiva de litígios sobre esta problemática. Recomenda, igualmente, que sejam consideradas outras medidas, como aceitar a possibilidade de serem efetuados ajustamentos de preços de transferência depois de entregues as declarações fiscais, e assegurar o acesso a procedimentos amigáveis entre contribuintes e autoridades fiscais para evitar situações de dupla tributação e facilitar soluções negociadas (OCDE, 2020, pp. 7–9).

Outro ponto importante do referido relatório respeita aos métodos de preços de transferência. A OCDE refere que pode ser apropriado, embora não seja obrigatório, combinar mais do que um método para sustentar o cumprimento do princípio de plena concorrência em determinadas transações entre partes relacionadas.

Relativamente ao período em que a comparação se baseia, será importante ter em consideração que os elementos informativos de vários anos são geralmente úteis para homogeneizar os dados comparados (as Recomendações da OCDE sugerem dados disponíveis dos últimos três anos nas atualizações dos *benchmarks*). No entanto, para a análise dos períodos afetados pela pandemia, pode ser aconselhável separar os períodos antes e depois da Covid-19 de forma a evitar análises distorcidas (OCDE, 2020, pp. 9).

Possivelmente, esta é uma das questões mais relevantes no âmbito deste documento. Ou seja, a atualização de *benchmarks* preparados em anos anteriores. Em condições normais e durante um determinado período de tempo (três anos, em linha com as Orientações da OCDE) as administrações fiscais admitem, geralmente, a possibilidade de atualização dos dados das amostras finais de comparáveis, ao invés da elaboração anual (com os inerentes custos de observância) de pesquisas de entidades ou de operações comparáveis.

As restrições impostas pelo Governo, que limitaram e restringiram o exercício de certas atividades económicas, também devem ser tidas em conta. Por exemplo, se um contribuinte teve de encerrar as suas instalações durante três meses, a amostra de comparáveis deve concentrar-se nos concorrentes que tenham sofrido idênticas restrições. Ou, em alternativa, os seus dados devem ser ajustados de forma a excluir da análise o período correspondente em que a empresa esteve temporariamente inativa (OCDE, 2020, pp. 9–10).

Finalmente, é também relevante referir que não existe uma regra única e universalmente aceitável que force a exclusão das amostras de entidades potencialmente comparáveis que apresentem resultados negativos. Se as empresas selecionadas cumprirem os critérios de comparabilidade considerados apropriados, dever-se-á evitar excluir da amostra, em 2020 e anos subsequentes, as empresas deficitárias só porque evidenciam perdas (OCDE, 2020, pp. 11).

3.5.2. Perdas e imputação de gastos relacionados especificamente com a Covid-19

A diminuição da procura, a impossibilidade de obter ou fornecer produtos ou serviços, o aparecimento de despesas operacionais extraordinárias, causaram perdas em várias EMN que terão de ser repartidas entre as diferentes entidades que as integram. Tal pode originar uma fonte de litígio com as administrações fiscais.

Neste processo de atribuição de perdas e gastos, o princípio da plena concorrência deve ser respeitado, tendo em conta os riscos assumidos pelas empresas do grupo em transações vinculadas, tal como indicado nas Orientações da OCDE.

A repartição dos custos extraordinários (não recorrentes) causados pela pandemia deve ser efetuada da forma que seria acordada por entidades independentes, tendo em conta a sua natureza (sem prejuízo da sua qualificação contabilística). Deverão, de igual forma e sempre que tal se revele necessário e possível, efetuar-se os ajustamentos necessários às observações comparáveis (OCDE, 2020, pp. 12-13).

O guia publicado pela OCDE refere alguns exemplos e reflexões sobre a partilha de gastos causados pela Covid-19, tais como, despesas em equipamento de proteção pessoal, reconfiguração dos espaços de trabalho para permitir a distância física, investimentos em tecnologia de informação e a aplicação do teletrabalho. Estes gastos adicionais, cuja natureza deve ser analisada de forma cautelosa, devem ser considerados aquando da realização das análises de comparabilidade, uma vez que as podem influenciar de forma significativa. E, em qualquer caso, podem ser necessários ajustamentos de comparabilidade para eliminar o impacto dos diferentes critérios contabilísticos adotados pela entidade relacionada e por entidades comparáveis independentes (OCDE, 2020, pp. 13, 15–17).

Outro fator que pode afetar a distribuição de custos e perdas entre diversas entidades é a possibilidade de aplicação de cláusulas de força maior. Ou mesmo o não cumprimento das condições estabelecidas nos contratos intragrupo em consequência das circunstâncias excecionais causadas pela pandemia. A OCDE sublinha que, tal como sucede com entidades independentes, entidades relacionadas podem considerar a rescisão ou renegociação de contratos assinados antes da crise.

Ao considerar esta questão, as autoridades tributárias devem rever os contratos e o comportamento entre entidades relacionadas tendo em conta as recomendações do Capítulo I, Secção D das Orientações da OCDE, bem como as características da transação e o comportamento que seria adotado por entidades independentes em situações comparáveis. Já os contribuintes devem munir-se de fundamentação e documentação sólidas sempre que existam quaisquer alterações contratuais, de forma a garantir que estão em conformidade com o princípio da plena concorrência (OCDE, 2020, pp. 14–15).

Por outro lado, um dos aspetos mais relevantes e controversos em relação ao impacto da pandemia nas políticas de preços de transferência dos grupos multinacionais é a possibilidade das entidades funcionalmente caracterizadas como de «risco limitado» poderem incorrer em perdas. Na ausência de uma definição concreta de entidade de risco limitado nas Orientações da OCDE, não é possível estabelecer uma regra geral. Portanto, no sentido de determinar se as entidades de risco limitado podem ou não assumir perdas causadas pela pandemia, será necessário realizar uma análise de risco detalhada e casuística, tal como previsto nas próprias Orientações. Ao examinar os riscos assumidos pelas empresas de um grupo, a OCDE salienta que as autoridades fiscais devem analisar a fundamentação económica das mudanças que possam ter ocorrido em resultado da pandemia (OCDE, 2020, pp. 13–14).

3.5.3. Efeitos dos programas de assistência governamental

Segundo a OCDE, a assistência governamental envolve programas de natureza monetária ou não monetária pelos quais um governo, ou qualquer outra autoridade pública, proporciona um benefício económico aos contribuintes. Aqui se incluindo garantias, subsídios, empréstimos a fundo perdido, deduções fiscais e subsídios ao investimento.

As características destes programas podem afetar os preços de transferência. Quer porque se aplicam a um membro de um grupo empresarial, quer porque são disponibilizados a entidades independentes no mercado onde determinado grupo empresarial opera, podendo afetar o comportamento de entidades envolvidas em transações potencialmente comparáveis (OCDE, 2020, pp. 19).

Dada a dificuldade prática em obter informações sobre a natureza da assistência governamental, é necessário analisar as suas características específicas para determinar em que casos pode, de uma forma ou de outra, ter um impacto economicamente relevante, direta (por exemplo, subsídios salariais) ou indiretamente (por exemplo, fornecimento de infraestruturas pela administração local). Se se concluir que a assistência governamental é economicamente relevante, tal deverá ser considerado para definir e delinear a transação vinculada e realizar a análise de comparabilidade, devendo esta informação ser incluída na documentação do contribuinte (OCDE, 2020, pp. 20).

A OCDE sugere alguns aspetos a considerar ao analisar o potencial impacto da assistência governamental numa transação relacionada, tais como a disponibilidade, o objetivo, a duração e outras condições impostas pelo Governo ao concedê-la (uma vez que estas poderiam limitar, ou mesmo impedir, o beneficiário de alterar a remuneração das suas operações). A atribuição de riscos economicamente significativos, o nível de concorrência e a procura nos mercados relevantes devem também ser considerados, no sentido de verificar se a entidade ou o grupo que recebe a assistência altera a forma como fixa os seus preços face a clientes independentes, quer para manter a assistência governamental dentro do grupo, quer para a transferir para terceiros (OCDE, 2020, pp. 21-22).

Outra questão suscitada relaciona-se com a abordagem mais fiável para identificar a comparabilidade em contextos de apoio governamental. Como tal, a OCDE recomenda a análise de transações independentes no mesmo mercado geográfico ou em mercados geográficos comparáveis, bem como a revisão das estratégias de pesquisa ou a realização de análises corroborativas, quando o apoio governamental é identificado em qualquer uma das transações analisadas. Acresce que o tratamento contabilístico da assistência governamental recebida deve ser identificado, especialmente quando a entidade em análise aplica métodos contabilísticos diferentes dos adotados pelas entidades consideradas potenciais comparáveis, uma vez que um tratamento diferente pode levar a diferentes níveis de rentabilidade, exigindo ajustamentos de comparabilidade (OCDE, 2020, pp. 23-24).

Finalmente, deve ter-se em conta que a existência de diferentes tratamentos contabilísticos poderá indiciar diferentes tipologias de apoios governamentais, caso em que será ainda mais difícil fazer um ajustamento de comparabilidade.

3.5.4. Impacto nos acordos prévios de plena concorrência

A crise pandémica produziu alterações significativas nas condições económicas que foram consideradas nos Acordos Prévios de Preços de Transferência (APPT) celebrados e que ainda se encontram em vigor. É, portanto, necessário analisar se, e em que medida, estas alterações imprevistas afetam os APPT.

No que respeita aos APPT em vigor em 2020, a OCDE considera como princípio geral que devem continuar a vigorar, a menos que se entenda que as circunstâncias induziram uma incapacidade para cumprir as hipóteses críticas consideradas ao tempo da sua celebração. Para tal, deverá ter-se em consideração os termos do próprio APPT e a legislação da jurisdição competente, questões que deverão ser analisadas casuisticamente e considerando o impacto da pandemia no setor e na região (OCDE, 2020, pp. 25).

Quando se considera que ocorreu uma violação das hipóteses críticas subjacentes ao Acordo (*e.g.*, preços, distribuição de gastos, margens), as consequências devem ser também analisadas à luz dos termos do próprio APPT, tendo em conta todas as administrações envolvidas e a legislação aplicável. Em qualquer caso, a OCDE desaconselha ações unilaterais por parte dos contribuintes, aos quais recomenda a notificação da possível existência de uma violação das hipóteses críticas logo que tenham conhecimento da mesma e o contacto com a administração tributária o mais rapidamente possível, para que esta possa afirmar a sua posição de forma transparente (OCDE, 2020, pp. 26).

Dados os benefícios associados aos APPT, a OCDE recomenda que os contribuintes e as administrações tributárias adotem uma atitude flexível e colaborativa, explorando formas inovadoras de entendimento. Exemplos disto podem ser APPT de curto prazo para períodos afetados pela pandemia, seguidos de um segundo APPT para o período pós-Covid-19. Ou APPT de longo prazo celebrados com o compromisso de modificar retroativamente os seus termos para refletir adequadamente os efeitos da pandemia, assim que estes se tornem conhecidos (OCDE, 2020, pp. 27–30).

CAPÍTULO IV — METODOLOGIA E RESULTADOS

Qualquer estudo necessita, em primeiro lugar, de definir o respetivo objeto e, a partir daí, construir um processo de análise. Neste sentido, será em seguida explanado o método aplicado no presente trabalho[21].

4.1. Metodologia

O método de análise orienta a pesquisa e torna possível a seleção de técnicas, no intuito de se desenvolver um processo de verificação empírica (Pardal & Lopes, 1995). Em qualquer processo de investigação é fulcral delinear um método que consiga dar resposta às questões suscitadas e, como tal, deve ser desenhado em torno da natureza do problema a estudar (Christiani, 2016).

A análise empírica baseia-se nos fenómenos medidos e observados e deriva o conhecimento da experiência real. Este tipo de método consiste na identificação de questões específicas, objeto de análise, na definição da amostra de dados ou fenómenos do estudo e, por fim, na descrição do processo utilizado para estudar esses fenómenos (Shang & Rönkkö, 2022).

Existem dois tipos de abordagem distintos: a qualitativa e a quantitativa. A primeira visa analisar e refletir sobre as perceções da realidade construída e é orientada para o estudo dos elementos teóricos que integram um determinado contexto. Este tipo de pesquisa é também usado para descobrir tendências de pensamento e desenvolver hipóteses.

Para a execução deste estudo foi usada a abordagem quantitativa, uma vez que se concentra na recolha e análise de dados numéricos. A investigação a partir de métodos quantitativos, seja com recurso a bases de dados ou a partir da recolha e tratamento de dados primários, exige um planeamento da estratégia a seguir.

O presente estudo tem como objetivo averiguar se a pandemia Covid-19 pode afetar a aplicação do princípio de plena concorrência e quais as suas possíveis consequências. Como tal, numa primeira abordagem, pretende-se avaliar os efeitos da pandemia, de forma descritiva, realizando uma análise de comparabilidade setorial entre 2019 e 2020. Para o efeito, serão analisados os dados económicos e financeiros dos dois setores de

[21] Ver Graça (2022).

atividade selecionados: o setor farmacêutico e o setor automóvel. O tratamento empírico setorial será elaborado para Portugal e Espanha.

A pesquisa de empresas comparáveis em cada setor será realizada através da aplicação de um conjunto de critérios que se consideraram relevantes em matéria de preços de transferência.

Desta forma e, tendo em conta o propósito do estudo, o instrumento de observação eleito para a extração de dados económicos e financeiros foi a base de dados SABI[22].

Numa segunda abordagem pretende-se dar resposta às seguintes questões de investigação:

- A fiabilidade dos dados financeiros poderá estar comprometida nas análises de comparabilidade?
- As funções, ativos e riscos alteraram-se em função da pandemia?
- Que dificuldades trazem as alterações no contexto económico resultante da Covid-19 para a aplicação do princípio de plena concorrência?

O objetivo, nesta fase da análise, será verificar se o número de empresas comparáveis variou no setor farmacêutico e no setor automóvel em 2020, face a 2019, por via das circunstâncias económicas causadas pela pandemia. Perante os resultados obtidos pretende-se, já numa abordagem mais qualitativa, perceber que motivos levaram ao aumento e diminuição das empresas comparáveis de cada setor, se estão em causa as funções, ativos e riscos e que outras dificuldades estão a ser encontradas para aferir o princípio de plena concorrência.

4.2. Processo de pesquisa na base de dados SABI

Conforme referido, delineou-se uma estratégia de pesquisa na base de dados SABI com o intuito de procurar um conjunto de empresas comparáveis, independentes e que desempenham funções similares.

A estratégia foi replicada para ambos os setores de atividade, com alteração apenas nos filtros de atividade (CAE) e dos anos em questão, conforme é apresentado nos pontos seguintes.

---

[22] A SABI é uma base de dados da *Bureau Van Djik*, a qual contém informação financeira de empresas localizadas em Portugal e Espanha.

Classificação das Atividades Económicas (CAE)

A aplicação deste critério visou restringir a pesquisa a empresas que desempenhem atividades económicas similares e dentro do mesmo setor de atividade. Como tal, selecionaram-se empresas classificadas com os seguintes códigos de atividade económica[23]:

- 21 — Fabricação de produtos farmacêuticos de base e de preparações farmacêuticas (no caso da análise para o setor farmacêutico); e,
- 29 — Fabricação de veículos automóveis, reboques, semirreboques e componentes para veículos automóveis (no caso da análise para o setor automóvel).

Localização Geográfica

Optou-se por aceitar empresas sediadas em Portugal e Espanha, de forma a obter uma amostra significativa de empresas comparáveis. Além disso, esta opção permite que a análise tenha uma vertente internacional, o que incrementa a sua utilidade prática em matéria de PT.

Forma Jurídica

Para que a amostra incluísse apenas sociedades com fins estatuários semelhantes ao desenvolvido por sociedades comerciais, aceitaram-se os seguintes tipos de sociedades para as entidades portuguesas:

- Sociedade por quotas;
- Sociedade unipessoal por quotas;
- Sociedade anónima;
- Estabelecimento individual de responsabilidade limitada;
- Sociedades em nome coletivo; e,
- Sociedades em comandita.

Para as entidades espanholas foram aceites os seguintes tipos de sociedade:

- Sociedade anónima; e,
- Sociedade por quotas.

[23] CAE Rev. 3 (*all codes*).

Independência

Com o objetivo de rejeitar empresas integradas em grupos económicos suscetíveis de estabelecerem operações vinculadas, foram inseridos os seguintes critérios de rejeição:

- Empresas detidas em percentagem igual ou superior a 20% por outras empresas;
- Empresas que detenham outras empresas em percentagem igual ou superior a 20%.

Contas não consolidadas

Foram apenas aceites empresas que apresentam contas não consolidadas. Este filtro foi aplicado com o intuito de não incluir na amostra empresas que, por apresentarem contas consolidadas, estejam integradas em grupos económicos e, por isso, não sejam elegíveis para o estudo efetuado.

Informação financeira

Optou-se, ainda, por aceitar apenas empresas cujo nível de rendimentos operacionais tivesse atingido, no mínimo, 3 000 000 € em cada exercício em questão, 2019 e 2020.

A aplicação dos filtros supra descritos resultou na obtenção de informação financeira das empresas consideradas potencialmente como as melhores comparáveis de cada setor.

4.3. Resultados

Numa primeira fase foram investigadas algumas rubricas e indicadores financeiros que se consideraram fundamentais para entender a evolução de cada setor nos exercícios de 2019 e 2020.

As tabelas que se apresentam nos pontos seguintes conjugam os dados das empresas comparáveis, por cada rubrica e por cada ano, respetivamente, e analisou-se a variação de cada rubrica de 2019 para 2020. Como tal, serão de seguida apresentados os resultados para o setor farmacêutico e para o setor automóvel.

De notar que, nas tabelas que se seguem, os pontos dos intervalos — tanto os pontos extremos como os que expressam valores intermédios — podem enfermar, apesar dos critérios de seleção, de algumas deficiências de comparabilidade. Num cenário de elaboração de dossiês de preços de transferência o tema mereceria aprofundamento, com análise casuística das entidades que os representam. O impacto económico da pandemia na informação financeira alarga essa necessidade.

Todavia, o objetivo deste trabalho é o de analisar o impacto da pandemia nos intervalos de comparabilidade a partir dos critérios básicos e usuais — de natureza quantitativa, como sejam, por exemplo, o volume de negócios ou a percentagem de participação. Trata-se de um enfoque setorial, mais do que para cada entidade que consta das amostras.

Daí que não se tenham submetido as empresas a filtros adicionais, no sentido do disposto no artigo 5.º da Portaria n.º 1446-C/2001, ou do artigo 5.º da nova Portaria n.º 268/2021.

Dito de outra forma, o que se pretende averiguar é se, nos dois setores em causa, a pandemia afetou a informação financeira divulgada, e por via dela, a amplitude dos intervalos de comparabilidade das margens operacionais. Para, a partir daí, apreciar em que medida os fundamentos económico-financeiros das recomendações da OCDE sobre o tema se podem documentar empiricamente.

Claro que, no plano aplicacional, um estudo mais preciso de todas as empresas, em especial aquelas cujos valores se situam em pontos mais distantes do centro do intervalo, seria desejável. Já o era antes da pandemia e este trabalho mostra, como veremos, que tal relevância aumentou.

4.3.1. Análise dos Resultados para o setor farmacêutico — Dados consolidados

A tabela 12 apresenta os dados consolidados do setor farmacêutico, para anos de 2019 e 2020.

TABELA 12
RESULTADOS CONSOLIDADOS: SETOR FARMACÊUTICO, 2019 *VS.* 2020

	2019	2020	Variação 2019/2020
Número de Empresas Comparáveis	34	45	32,35%
Empresas portuguesas	10	13	30,00%
Empresas espanholas	24	32	33,33%
Valores totais / milhares de €			
Volume de Negócios	310 657	402 425	29,54%
Subsídios à exploração	858	1 097	27,87%
Proveitos Operacionais	312 748	405 300	29,59%
CMVMC	-118 965	-175 559	47,57%
Gastos com o pessoal	-73 580	-80 239	9,05%
Perdas por Imparidade	-8 065	-4 873	-39,58%
Provisões	-150	0	-100,00%
EBITDA	-62 296	-82 395	32,26%
Amortizações	-10 150	-12 611	24,25%
Gastos Operacionais	-210 910	-273 282	29,57%
Resultado Operacional	52 146	69 784	33,82%
Total do Ativo	477 132	571 335	19,74%
Ativos Fixos Tangíveis	110 040	128 789	17,04%
Ativos Intangíveis	25 223	27 664	9,68%
Número total de empregados	1 682	1 861	10,64%
Indicadores de Rentabilidade Operacional e Bruta			
Margem operacional média	24,72%	25,54%	+ 1,06 p.p.
Margem Bruta média	161,13%	129,23%	- 19,80 p.p.
Análise de Ativos			
Peso médio dos AFT/Total do Ativo	23,06%	22,54%	- 2,26 p.p.
Peso médio dos AI/Total do Ativo	5,29%	4,84%	- 8,41 p.p.

Fonte: SABI.

Conforme se evidencia na tabela 12, o número de empresas comparáveis aumentou em cerca de 32,35%, passando de 34, em 2019, para 45 empresas em 2020. Este aumento repercutiu-se em ambos os países, representando Portugal cerca de 28,89% da amostra e Espanha 71,11%, em 2020.

De seguida, analisaram-se os critérios de pesquisa que levaram ao aumento das empresas comparáveis em 2020. Concluiu-se que o motivo pelo qual se registou um incremento na amostra se deveu a que várias entidades atingiram o mínimo de 3 000 000 € de rendimentos operacionais no exercício de 2020. Tal condiz com a evolução do setor, em 2020, antes explanada.

O volume de negócios é muito importante nesta análise, pois representa as vendas e os serviços prestados de todo setor e registou um aumento na ordem dos 29,54% em 2020, face a 2019. Os subsídios à exploração concedidos pelo Governo também registaram um incremento em 2020, face ao ano transato. Os proveitos operacionais seguiram a mesma linha de tendência.

No tocante aos gastos, a rubrica que registou o aumento mais significativo foram os Custos das Mercadorias Vendidas e das Matérias Consumidas (CMVMC), cerca de 47,57% face a 2019. O aumento desta componente pode explicar-se pelo aumento da atividade operacional das empresas, e consequente necessidade em adquirir maior volume de matérias-primas para a produção de medicamentos. Os gastos com o pessoal também subiram 9,05%, face a 2019, consequência do aumento do número de empregados em 10,64%.

No campo das depreciações e amortizações verifica-se igualmente um incremento de 24,25% em 2020, face ao exercício transato. As amortizações representam, como se sabe, as desvalorizações dos ativos intangíveis de uma empresa.

Os ativos intangíveis, embora não apresentem montantes significativos, registaram um aumento de 9,68% em 2020, face a 2019. As patentes de investigação, as fórmulas e processos de fabricação, as licenças de *software* e despesas com pesquisas científicas e tecnológicas são exemplos de ativos intangíveis que podem usualmente estar associados a este setor de atividade.

Os ativos fixos tangíveis seguiram a mesma linha de tendência, com um acréscimo de cerca de 17% em 2020, face ao ano anterior. Representam ativos destinados à produção ou fornecimento de bens e serviços e para fins administrativos.

Adicionalmente, e de forma a analisar a rentabilidade do setor, foram calculados dois indicadores — a margem operacional e a margem bruta.

A margem operacional foi calculada pelo resultado operacional ponderado pelos gastos operacionais. A atividade principal representa o fator que, no essencial, influi na remuneração da atividade. Esta margem encontra-se associada à diferença entre os valores dos rendimentos e dos gastos incorridos com o desenrolar da atividade operacional, por forma a obter uma margem de lucro adequada às funções desempenhadas e riscos incorridos. Entendeu-se, assim, que a sua utilização seria apropriada.

Por outro lado, este indicador incorpora os gastos de estrutura suportados, como fornecimentos e serviços externos, gastos com o pessoal, depreciações e amortizações (e provisões), razão pela qual se revela um indicador menos sensível a diferenças associadas aos produtos/mercados em que as empresas operam. De referir, ainda, que a utilização deste indicador pode carecer de ajustamentos, como resultado de situações específicas e extraordinárias passíveis de afetar os dados financeiros, ajustamentos esses que devem ser introduzidos sempre que a informação disponível o permita de forma fiável.

No que concerne à margem bruta, este indicador foi calculado pela fórmula *[(Volume de Negócios – CMVMC) / CMVMC]*. A remuneração da atividade principal está, essencialmente, associada à diferença entre os valores das vendas e os custos incorridos com a produção dos bens. Por forma a obter um diferencial económico-financeiro que cubra os restantes custos de estrutura e que permita a obtenção de uma margem de lucro adequada às funções, entendeu-se que este indicador é apropriado para esta análise. Optou-se pela utilização do volume de negócios na fórmula de cálculo, uma vez que à atividade central do setor surgem, geralmente, associados outros rendimentos operacionais relevantes na sua estrutura, tais como as prestações de serviços.

Assim, a margem operacional em 2020 ascendeu a 26%, sofrendo um ligeiro aumento de 1,06 p.p. face a 2019, representando esta percentagem a lucratividade geral do setor em 2020.

No que concerne à margem bruta do setor, sofreu um decréscimo de 19,80 p.p. face a 2019, muito provavelmente, explicado pelo aumento significativo da rubrica de CMVMC.

4.3.2. Análise dos Resultados para o setor automóvel — Dados consolidados

A tabela 13 apresenta os dados consolidados do setor automóvel, para anos de 2019 e 2020.

TABELA 13

RESULTADOS CONSOLIDADOS: SETOR AUTOMÓVEL, 2019 *VS.* 2020

	2019	2020	Variação 2019/2020
Número de Empresas Comparáveis	205	163	-20,49%
Empresas portuguesas	46	46	0,00%
Empresas espanholas	159	117	-26,42%
Valores totais / milhares de €			
Volume de Negócios	1 793 764	1 299 785	-27,54%
Subsídios à Exploração	8 064	12 440	54,27%
Proveitos Operacionais	1 809 159	1 324 152	-26,81%
CMVMC	-1 100 765	-778 723	-29,26%
Gastos com o pessoal	-352 578	-263 444	-25,28%
Perdas por Imparidade	-3 745	-4 060	8,41%
Provisões	-18 138	-13 140	-27,56%
EBITDA	148 511	124 182	-16,38%
Amortizações	-57 746	-50 496	-12,56%
Gastos Operacionais	-1 532 972	-1 109 862	-27,60%
Resultado Operacional	90 766	73 687	-18,82%
Total do Ativo	1 499 194	1 346 636	-10,18%
Ativos Fixos Tangíveis	460 918	408 897	-11,29%
Ativos Intangíveis	13 617	13 915	2,19%
Número total de empregados	11 234	9 199	-18,11%
Indicadores de Rentabilidade Operacional e Bruta			
Margem operacional média	5,92%	6,64%	+12,27 p.p.
Margem Bruta média	62,96%	66,91%	+ 6,28 p.p
Análise de Ativos			
Peso médio dos AFT/Total do Ativo	30,74%	30,36%	- 1,24 p.p.
Peso médio dos AI/Total do Ativo	0,91%	1,03%	+ 13,77 p.p.

Fonte: SABI.

De acordo com a tabela 13, o número de empresas comparáveis para o setor automóvel, em 2020, diminuiu em cerca de 20,49% face a 2019, estando a diminuição concentrada apenas no mercado espanhol. Verificou-se, também, com base nos critérios de pesquisa para 2020, que foram excluídas da amostra 56 empresas, sendo que: 16 delas não tinham disponível qualquer informação financeira no período de 2020 e as restantes não atingiram o montante mínimo de proveitos operacionais.

Seguidamente, à semelhança do que se fez para o setor farmacêutico, analisaram-se as rubricas que se consideraram essenciais para entender a evolução do setor e que tinham dados financeiros disponíveis na SABI.

A rubrica de volume de negócios sofreu um decréscimo de 27,54% em 2020, face ao ano transato, consequência da diminuição da atividade operacional. Em contrapartida, os subsídios à exploração aumentaram em 54,27% face ao ano de 2019. Esta rubrica mostra o incremento dos apoios para que as empresas se mantivessem ativas durante o tempo de crise pandémica.

No que tange aos gastos, também se verificam diminuições generalizadas em todas as componentes. A rubrica de CMVMC registou a maior diminuição, de 29,26%, face a 2019. Ao contrário do evidenciado no setor farmacêutico, esta quebra nos gastos está relacionada com a paragem de algumas fábricas devido aos confinamentos provocados pela pandemia.

A rubrica dos gastos com o pessoal também registou um decréscimo de 25,28% em 2020, face ao exercício anterior. Saliente-se a diminuição do número de empregados do setor de 11 234, em 2019, para 9199 empregados, em 2020, o que representa uma redução de 2025 empregados (18,11%) a operar neste setor em 2020. Estes dados mostram a quebra generalizada que se sentiu neste setor no ano de surgimento da pandemia.

A rubrica das perdas por imparidade registou um aumento de 8%, face a 2019. Este aumento deveu-se, muito possivelmente, à desvalorização de ativos tendo em conta que as fábricas estiveram inativas. Ou, também, ao previsível incumprimento no pagamento de faturas por parte dos clientes.

Nas rubricas de ativos de longo prazo, foi registado um decréscimo de 11,29% quanto aos ativos fixos tangíveis e um ligeiro aumento de 2,19% nos ativos intangíveis. Os ativos fixos tangíveis representam 30,36%, em 2020, da estrutura total do ativo. No caso dos intangíveis, que representam apenas 1,03% da estrutura do total do ativo, podem ser constituídos por elementos tais como projetos de desenvolvimento e *software*.

Por fim, na escolha dos indicadores de rentabilidade seguiu-se a mesma lógica relativamente ao setor farmacêutico. A margem operacional, calculada pelo resultado operacional dividido pelos gastos operacionais, aumentou ligeiramente, evidenciando uma margem média de 6,74% para o ano de 2020. Ou seja, a redução do lucro operacional foi acompanhada por uma diminuição dos gastos que, via efeito combinado, gerou uma margem ligeiramente superior. A gestão dos gastos teve, pois, papel importante.

4.3.3. Análise das perdas por imparidade e provisões

As perdas por imparidade e provisões são rubricas relevantes para o desempenho económico das empresas. Elas representam, como se sabe, desvalorizações esperadas em ativos (imparidades) ou responsabilidades futuras prováveis (provisões). Dado o tipo de análise aqui levada a cabo, considerou-se que estas rubricas mereciam análise mais detalhada.

Na verdade, as imparidades e as provisões podem revelar aspetos importantes da evolução do setor, quer quanto aos efeitos da pandemia sobre o valor dos ativos, quer sobre obrigações futuras decorrentes da crise. Além de que, no plano da comparabilidade da informação financeira, podem indiciar alterações assinaláveis face ao ano de 2019.

Conforme se referiu no Capítulo III, a pandemia paralisou, durante grande parte do ano de 2020, as fábricas de componentes e a produção de viaturas, no setor automóvel. Acarretando isso a possível desvalorização total, ou parcial, de determinados ativos fixos. Podem ainda ter-se verificado perdas por imparidade sobre inventários. Ou, também, as perdas por imparidade em clientes. Este fenómeno poderá acontecer devido à simples redução da atividade operacional dos clientes, ou porque declararam insolvência.

As provisões são gastos reconhecidos no presente tendo em vista fazer face a obrigações futuras. Ora, tendo em conta um contexto pandémico no qual prevaleceu a incerteza sobre quando se retomaria a atividade normal, seria esperável que esta rubrica aumentasse.

Assim, analisou-se para cada setor, ano e país a variação das rubricas de perdas por imparidade e provisões, conforme consta das tabelas 14 e 15.

Através da tabela 14, verifica-se que, em Portugal, e para o setor automóvel, as rubricas de perdas por imparidade aumentaram em 2020, face ao ano transato. No entanto, tanto em 2019, como em 2020, revelaram pouca materialidade face à estrutura de gastos operacionais do setor. Quanto às provisões, registou-se uma diminuição em cerca de 28% em 2020 e também não revelam grande peso nos gastos operacionais do setor, para 2019 e 2020.

TABELA 14
REGISTO DE PERDAS POR IMPARIDADE E PROVISÕES, NO SETOR AUTOMÓVEL EM PORTUGAL, 2019-2020

Valores totais / milhares de €

Portugal	2019	Peso sobre os gastos operacionais totais, 2019	2020	Peso sobre os gastos operacionais totais, 2020	Variação 2020/2019
Perdas por imparidade	-3 745	0,24%	-4 060	0,37%	8,41%
Provisões	-18 138	1,18%	-13 140	1,18%	-27,56%

Fonte: SABI.

Da análise à tabela 15 constata-se que as duas rubricas sofreram diminuições significativas e também não apresentam grande destaque face aos gastos operacionais do setor farmacêutico em Portugal, tanto para 2019 como para 2020. A tendência positiva que se observa no setor será o principal fator explicativo para a evolução destas rubricas.

TABELA 15
REGISTO DE PERDAS POR IMPARIDADE E PROVISÕES, NO SETOR FARMACÊUTICO EM PORTUGAL, 2019-2020

Valores totais / milhares de €

Portugal	2019	Peso sobre os gastos operacionais totais, 2019	2020	Peso sobre os gastos operacionais totais, 2020	Variação 2020/2019
Perdas por Imparidade	-8 065	3,82%	-4 873	1,78%	-39,58%
Provisões	-150	0,07%	0	0,00%	-100,00%

Fonte: SABI.

Da análise aos dados efetuada para Espanha, não se obtiveram quaisquer valores para ambas as rubricas, tanto para o setor automóvel como para o setor farmacêutico, nos anos de 2019 e 2020.

Desta forma, verifica-se que as perdas por imparidade seguem, nos dois setores, uma evolução que se esperaria. Quanto às provisões, indiciam que a pandemia não implicou o reconhecimento de um aumento de responsabilidades futuras prováveis com ela relacionadas.

4.3.4. Análise dos subsídios à exploração

Da mesma forma que as rubricas de perdas por imparidade e provisões mereceram atenção na análise aos gastos operacionais, considerou-se que na estrutura de rendimentos operacionais faria sentido avaliar a evolução da rubrica de subsídios à exploração.

Estes constituem subsídios de entidades públicas relacionados com rendimentos (ou à exploração). Quer dizer, subsídios que são concedidos visando atenuar *deficits* de exploração de um dado exercício.

Como se sabe, a pandemia fragilizou a atividade de um conjunto vasto de setores de atividade em Portugal e Espanha. Foi necessária uma ação rápida do Governo de forma a impedir que as empresas dos vários setores não sofressem falta de liquidez, atendessem aos seus compromissos para com os fornecedores e clientes e, também, para com os seus trabalhadores.

Desta forma, durante a pandemia, foram criados vários apoios às empresas como o *lay-off*[24], que visou a redução temporária dos períodos normais de trabalho ou suspensão dos contratos de trabalho por iniciativa das empresas, durante um determinado

[24] Site oficial: https://www.seg-social.pt/layoff , consultado a 16 de julho de 2022.

tempo. Também o Programa Apoiar[25] constituiu um instrumento de apoio à tesouraria das empresas de setores particularmente afetados pela pandemia, assegurando e preservando a sua liquidez no mercado e a continuidade da sua atividade económica durante e após o surto pandémico. O Apoio à Retoma, destinado a entidades empregadoras afetadas pela pandemia e que se encontravam, consequentemente, em situação de crise.

Desta forma, entendeu-se que se devia analisar no presente estudo, para cada setor, ano e país, a variação da rubrica de subsídios à exploração, conforme consta nas tabelas 16 e 17.

Pela análise aos dados do setor automóvel, em Portugal, e segundo a tabela 16, registou-se um aumento bastante expressivo dos subsídios à exploração, ainda que o peso desta rubrica na estrutura de rendimentos operacionais do setor não seja muito significativo.

TABELA 16
REGISTO DE SUBSÍDIOS À EXPLORAÇÃO, NO SETOR AUTOMÓVEL EM PORTUGAL, 2019–2020

Valores totais / milhares de €

Portugal	2019	Peso sobre os proveitos operacionais totais, 2019	2020	Peso sobre os proveitos operacionais totais, 2019	Variação 2020/2019
Subsídios à exploração	8 064	3,98%	12 440	0,94%	54,27%

Fonte: SABI.

Quanto ao setor farmacêutico, ainda que a variação tenha sido bastante inferior face ao setor automóvel, registou também um incremento na ordem dos 28% de subsídios à exploração. Esta rubrica também não evidencia grande relevância face aos proveitos operacionais do setor.

TABELA 17
REGISTO DE SUBSÍDIOS À EXPLORAÇÃO, NO SETOR FARMACÊUTICO EM PORTUGAL, 2019–2020

Valores totais / milhares de €

Portugal	2019	Peso sobre os proveitos operacionais totais, 2020	2020	Peso sobre os proveitos operacionais totais, 2020	Variação 2020/2019
Subsídios à exploração	858	0,27%	1 097	0,27%	27,87%

Fonte: SABI.

25 Site oficial: https://www.portugal.gov.pt/pt/gc22/comunicacao/noticia?i=programa-apoiar-ja-fez-chegar-as-empresas-11-mil-milhoes-de-euros-nos-setores-mais-afetados-pela-covid-19-, consultado a 16 de julho de 2022.

De salientar, novamente, que da análise aos dados efetuada para Espanha, não se obteve quaisquer valores para ambas as rubricas, tanto para o setor automóvel como para o setor farmacêutico, nos anos de 2019 e 2020.

Assim, verificou-se que o setor automóvel foi o que beneficiou mais de apoios vindos do Governo. Algumas empresas do setor terão, por certo, equilibrado a sua exploração por via destes subsídios.

4.3.5. Análise à rentabilidade operacional através do Intervalo Interquartil (IIQ)

De forma a complementar o presente estudo, optou-se por elaborar os intervalos das margens operacionais auferidas pelas empresas comparáveis de cada setor. Desta forma, poder-se-á averiguar, para cada setor, ano e país de que modo evoluíram (em termos de dispersão e potencial impacto na comparabilidade) as margens operacionais.

O intervalo interquartil (IIQ) é uma das formas de evidenciar a dispersão de um conjunto de dados. Mede a distância entre o primeiro quartil (1.ºQ) e o terceiro quartil (3.ºQ).

$$IIQ = 3.^{o}Q - 1.^{o}Q$$

A análise da dispersão através da distância interquartil permite averiguar se, em 2020, as margens operacionais tiveram maior ou menor divergência face a 2019. Ou seja, se a pandemia implicou que a dispersão em torno das medidas centrais do intervalo se tornou mais notória. À medida que a dispersão dos dados aumenta o IIQ torna-se maior, o que introduz dificuldades acrescidas na seleção de valores comparáveis de plena concorrência.

Deve referir-se que a dispersão dos dados deve ainda ser vista pela amplitude total do intervalo, isto é, dos valores entre o mínimo e o máximo.

Conforme já referido, a margem operacional é um indicador financeiro que mede a rentabilidade e eficiência operacional de uma determinada empresa.

Nas tabelas 18 e 19 apresenta-se o intervalo total (e o interquartil) para o setor automóvel nos anos de 2019 e 2020, respetivamente. Estas tabelas mostram a totalidade das empresas em Portugal e Espanha. Adiante se fará a análise para cada um dos países.

Conforme se evidencia, em primeiro lugar, o número de empresas comparáveis reduziu-se substancialmente no ano de 2020, derivado da súbita paragem da atividade deste setor. De seguida, analisando os dados para cada ano, verifica-se que a média das margens operacionais aumentou ligeiramente em 2020, face ao ano transato. O valor mínimo do intervalo em 2020 registou uma melhoria, possivelmente fruto da redução do número de empresas que deixaram de ser comparáveis para esse ano. Ou seja, entidades com *deficits* significativos em 2019 e 2020, deixaram porventura de cumprir os critérios de seleção da amostra em 2020. Para este setor, comparando os anos em questão, verificou-se para 2019 um IIQ de cerca de 8,61 p.p., enquanto para 2020, um IIQ de 12,21 p.p.. Os IIQ analisados mostram assim um aumento da dispersão em 2020.

Pode afirmar-se que este aumento da dispersão, em 2020, no contexto de uma acentuada redução do número de empresas comparáveis (de 204 para 163) indicia, como se esperaria, maior dificuldade na construção e interpretação dos dados, e na sua consequente utilização para efeitos de preços de transferência. De realçar que o valor mínimo, em 2020, revela menor amplitude total do intervalo. Porém, a forte redução do número de empresas comparáveis poderá ter implicado, como já se alvitrou, o desaparecimento da amostra de entidades com margens fortemente negativas. (Efetuado o teste *t*, concluiu-se que se rejeita a hipótese de igualdade de médias entre 2019 e 2020).

Em função destes resultados, quer a Autoridade Tributária e Aduaneira (AT), quer as empresas deverão ter cuidados acrescidos, tal como a OCDE enfatiza, no contexto da apreciação quanto à inserção da margem de uma certa empresa no intervalo de plena concorrência. Tanto no que respeita à amplitude total do intervalo, como ao IIQ.

Todavia, face aos efeitos da pandemia, e pese embora tudo o que acima se referiu, poderia antever-se uma ainda maior dispersão de margens. É de crer que o efeito dos subsídios e uma gestão dos gastos mais eficiente tenham evitado males maiores.

TABELA 18

SETOR AUTOMÓVEL, 2019[26]

Indicador de rentabilidade	Média	Mínimo	1º Quartil	Mediana	3º Quartil	Máximo
Margem operacional (204 comparáveis)	6,99%	-91,81%	2,05%	4,77%	11,04%	56,54%

Fonte: SABI.

[26] Notar que, conforme visto na análise dos resultados consolidados, para o setor automóvel, em 2019, deu um *set* final de 205 empresas comparáveis. No entanto, para o cálculo da margem operacional verificou-se que 1 empresa não dispunha de informação financeira para o respetivo ano. Como tal não foi possível calcular a respetiva margem operacional.

TABELA 19
SETOR AUTOMÓVEL, 2020

Indicador de rentabilidade	Média	Mínimo	1º Quartil	Mediana	3º Quartil	Máximo
Margem operacional (163 comparáveis)	8,5%	-34,04%	1,57%	6,58%	13,78%	53,15%

Fonte: SABI.

Fazendo idêntica análise para o setor farmacêutico, nos anos de 2019 e 2020, verifica-se, primeiramente, que este setor, considerando a média e a mediana de cada ano, obtém margens mais elevadas do que o setor automóvel. Em 2019, a margem mínima registada foi de -3,48%, tendo-se, no entanto, verificado um decréscimo significativo para o mesmo indicador em 2020. Verifica-se um aumento das empresas comparáveis em 2020 (de 34 para 45), ao contrário do verificado para o setor automóvel, no qual este número diminuiu. Esta diferença para o aumento do número de comparáveis é explicada pelo aumento dos proveitos operacionais das empresas em 2020. Isto é, com base na estratégia de pesquisa inicial um maior número de entidades passou a cumprir com o critério de terem um mínimo de 3 000 000 € de rendimentos operacionais em 2020. Daí que não surpreenda que o valor mínimo possa ter sido influenciado por essa expansão da amostra. (Efetuado o teste *t*, concluiu-se que se rejeita a hipótese de igualdade de médias entre 2019 e 2020).

No que toca à análise dos intervalos interquartis para o setor farmacêutico, verifica-se uma maior dispersão das margens para este setor, face ao setor automóvel. No setor farmacêutico, verificou-se, para 2019, um IIQ de cerca de 13,59 p.p., enquanto para 2020, um IIQ de 24,65 p.p.. As rentabilidades em 2020 estão substancialmente mais dispersas do que em 2019.

De notar, todavia, que neste setor a maior dispersão se deve ao facto de em 2020 o 3.º quartil evidenciar uma margem de 27,08%, quando em 2019 apresentava 15,98%. Já que o 1.º quartil em muito pouco se alterou. Ou seja, a dispersão resulta de mais empresas terem margens superiores em 2020, o que não surpreende, no plano económico. Porém, deve igualmente induzir cuidado adicional da definição de intervalos de comparabilidade. Em especial se forem usados dados pré-2020 conjuntamente com dados de 2020 e seguintes. Este é um ponto sublinhado nas Recomendações da OCDE, anteriormente descritas, e que estes dados confirmam.

TABELA 20
SETOR FARMACÊUTICO, 2019

Indicador de rentabilidade	Média	Mínimo	1º Quartil	Mediana	3º Quartil	Máximo
Margem operacional (34 comparáveis)	19,22%	-3,48%	2,39%	9,60%	15,98%	177,48%

Fonte: SABI.

TABELA 21
SETOR FARMACÊUTICO, 2020

Indicador de rentabilidade	Média	Mínimo	1º Quartil	Mediana	3º Quartil	Máximo
Margem operacional (45 comparáveis)	23,72%	-20,20%	2,42%	14,84%	27,08%	173,07%

Fonte: SABI.

Os dados das tabelas anteriores referem-se, como se disse, ao conjunto de empresas de Portugal e Espanha. De seguida, será analisado o intervalo das margens para Portugal e Espanha.

As tabelas 22 e 23 apresentam os intervalos (total e interquartil) para o setor automóvel em Portugal, nos anos de 2019 e 2020, respetivamente. Da análise às tabelas denota-se que, para Portugal, o número de empresas comparáveis manteve-se, face a 2019. Ou seja, em 2020, as 46 empresas analisadas mantiveram o seu nível de proveitos operacionais superior a 3 000 000 €, mesmo tendo sido o ano de surgimento da pandemia.

TABELA 22
SETOR AUTOMÓVEL, PORTUGAL, 2019

Indicador de rentabilidade	Média	Mínimo	1º Quartil	Mediana	3º Quartil	Máximo
Margem operacional (46 comparáveis)	5,83%	-91,81%	2,55%	5,11%	11,16%	39,74%

Fonte: SABI.

TABELA 23
SETOR AUTOMÓVEL, PORTUGAL, 2020

Indicador de rentabilidade	Média	Mínimo	1º Quartil	Mediana	3º Quartil	Máximo
Margem operacional (46 comparáveis)	10,74%	-14,05%	2,47%	7,89%	16,64%	42,56%

Fonte: SABI.

A margem operacional mínima registada melhorou consideravelmente em 2020. Uma explicação possível será por via do aumento dos subsídios à exploração recebidos por algumas empresas economicamente mais frágeis. Desta forma, tendo-se verificado uma diminuição dos gastos operacionais, tal implicou que as margens operacionais não sofressem alterações demasiado significativas. Sendo estes subsídios fluxos não recorrentes, daqui deve decorrer um especial cuidado na comparabilidade da informação financeira, conforme recomenda a OCDE.

Relativamente, à variação da amplitude interquartil, para 2019, este setor, em Portugal, apresentava um IIQ de 8,6 p.p. e para 2020 um IIQ de cerca de 14 p.p.. Verifica-se que em 2020 as margens operacionais do setor automóvel português, se apreciadas pelo IIQ, estão mais dispersas do que no ano anterior. Por outro lado, se tomarmos o intervalo total, o valor mínimo em 2019 contribui para uma dispersão total mais expressiva. As mesmas considerações de cautela na análise da comparabilidade dos dados no contexto da sua utilização em preços de transferência devem aqui ser novamente realçadas. Em especial para empresas cujas margens se situam entre o mínimo e o 1.º quartil será requerida uma análise pormenorizada à informação financeira disponibilizada.

De seguida, mostra-se a mesma análise para o caso de Espanha. As tabelas 24 e 25 representam os intervalos de margens para o setor automóvel em Espanha, nos anos de 2019 e 2020.

TABELA 24
SETOR AUTOMÓVEL, ESPANHA, 2019

Indicador de rentabilidade	Média	Mínimo	1º Quartil	Mediana	3º Quartil	Máximo
Margem operacional (158 comparáveis)	7,32%	-33,70%	21,95%	4,68%	10,68%	56,54%

Fonte: SABI.

TABELA 25

SETOR AUTOMÓVEL, ESPANHA, 2020

Indicador de rentabilidade	Média	Mínimo	1º Quartil	Mediana	3º Quartil	Máximo
Margem operacional (117 comparáveis)	7,69%	-34,04%	1,42%	6,15%	12,87%	53,15%

Fonte: SABI.

Consta da análise das tabelas 24 e 25 que o número de empresas comparáveis se reduziu (expressivamente) de 158, em 2019, para 117, em 2020. Comparativamente ao setor automóvel português e, face aos critérios de pesquisa de comparáveis antes selecionados, o setor automóvel espanhol evidenciou uma forte uma redução da amostra de comparáveis em 2020. Embora o número de entidades comparáveis tenha diminuído, constata-se que a média das margens operacionais tanto, em 2019 como em 2020, não sofreu alterações significativas. O mesmo se verificou para os mínimos e máximos registados. A mediana aumentou em 2020.

Quanto à dispersão, se medida pelo intervalo interquartil, verificou-se, para 2019, um IIQ de 8,73 p.p. e, para 2020, um IIQ de 11,43 p.p.. Seguindo a mesma linha de tendência do setor automóvel português, constata-se que as rentabilidades do setor automóvel espanhol, em 2020, estão mais dispersas do que em 2019.

Por fim e, no seguimento da análise do setor automóvel para Portugal e Espanha, em 2019 e 2020, apresentar-se-á o mesmo para o setor farmacêutico.

As tabelas 26 e 27 apresentam os dados calculados para o setor farmacêutico, em Portugal, para 2019 e 2020. Contrariamente ao apurado para o setor automóvel, o número de empresas comparáveis aumentou em 2020, face a 2019. Ou seja, surgiram mais empresas a atingir um mínimo de proveitos operacionais de 3 000 000 €, o que significa que aumentou a produção e venda de medicamentos em 2020, em Portugal.

TABELA 26

SETOR FARMACÊUTICO, PORTUGAL, 2019

Indicador de rentabilidade	Média	Mínimo	1º Quartil	Mediana	3º Quartil	Máximo
Margem operacional (10 comparáveis)	3,69%	-3,48%	1,29%	2,77%	5,61%	10,54%

Fonte: SABI.

TABELA 27
SETOR FARMACÊUTICO, PORTUGAL, 2020

Indicador de rentabilidade	Média	Mínimo	1º Quartil	Mediana	3º Quartil	Máximo
Margem operacional (13 comparáveis)	8,39%	-20,20%	1,32%	3,30%	14,84%	29,61%

Fonte: SABI.

No setor farmacêutico em Portugal, a média das margens operacionais, no IIQ, variou consideravelmente de forma positiva. O valor mínimo expandiu-se, em 2020, face a 2019. No que concerne à amplitude interquartil verificou-se que, para 2019, o setor farmacêutico português, obteve um IIQ de 4,32 p.p. e para 2020 um IIQ de 13,51 p.p.. Verifica-se, assim, uma maior variabilidade das margens operacionais em 2020, explicando o facto de 2019 para 2020 ter-se verificado rentabilidades mínimas e máximas tão discrepantes.

Uma vez mais se realça que o ano de 2020 mostra resultados que devem implicar uma especial atenção quanto às amostras de comparáveis a usar em preços de transferência. Tal como sublinha a OCDE, e aqui se volta a comprovar empiricamente, a comparabilidade amostral, nos anos da pandemia, deve ser feita com particular cautela.

Por fim, as tabelas 28 e 29 apresentam os intervalos interquartis igualmente para o setor farmacêutico em 2019 e 2020, desta vez para a Espanha.

TABELA 28
SETOR FARMACÊUTICO, ESPANHA, 2019

Indicador de rentabilidade	Média	Mínimo	1º Quartil	Mediana	3º Quartil	Máximo
Margem operacional (24 comparáveis)	31,16%	-2,73%	7,43%	10,94%	18,60%	177,48%

Fonte: SABI.

TABELA 29
SETOR FARMACÊUTICO, ESPANHA, 2020

Indicador de rentabilidade	Média	Mínimo	1º Quartil	Mediana	3º Quartil	Máximo
Margem operacional (32 comparáveis)	29,95%	-19,30%	8,33%	18,29%	32,11%	173,07%

Fonte: SABI.

Da análise às tabelas 28 e 29, constata-se um aumento das empresas comparáveis neste setor na Espanha, tal como em Portugal. O setor farmacêutico espanhol registou em 2019 um IIQ de 11,17 p.p. enquanto em 2020 foi de 23,78 p.p.. Estes valores, conjugados com a amplitude total do intervalo, indicam que as margens operacionais variaram bastante, tendo-se verificado uma maior dispersão no exercício de 2020.

Em suma, a dispersão incrementou-se consideravelmente, com reflexos inevitáveis nas análises de comparabilidade para efeitos de preços de transferência. Em especial, como já se sublinhou, o uso de dados que englobem exercícios pré-pandemia e, simultaneamente, de 2020 e anos posteriores, pode tornar-se problemático. Faz, pois, todo o sentido que as sugestões da OCDE para lidar com estes potenciais problemas práticos sejam tidas em conta, tanto pelas EMN como pela AT.

4.3.6. Análise comparativa setorial

O setor automóvel, conforme se evidenciou pelos dados de 2019 e 2020, foi, como se esperaria, face ao farmacêutico, o setor mais negativamente afetado pela pandemia.

A redução do volume de negócios, o aumento dos subsídios à exploração e das perdas por imparidade, em 2020, indiciam um assinalável efeito desfavorável. De igual forma, o facto de o número de empresas comparáveis também ter diminuído em 2020, face ao ano transato, implicou uma redução de proveitos operacionais. (Uma vez que um dos critérios da estratégia de pesquisa implica um valor mínimo para esta rubrica).

Comparando os dados consolidados do setor automóvel com os do setor farmacêutico, nota-se que este último seguiu uma linha de tendência contrária. As rubricas de volume de negócios, CMVMC e gastos com o pessoal registaram aumentos, como consequência do acréscimo da atividade e das vendas de medicamentos em 2020.

Da análise à amplitude global dos intervalos, e aos valores dos IIQ, relativos às margens operacionais das empresas de Portugal e Espanha, concluiu-se que, para os dois países, o ano de 2020 foi o que mais apresentou rentabilidades mais dispersas. Perante as questões suscitadas no documento da OCDE, esta realidade setorial deve induzir prudência adicional nas análises de comparabilidade que, simultaneamente, utilizem dados pré-pandemia e elementos relativos a 2020.

4.4. Conclusão

Este estudo apresenta, através de uma análise de comparabilidade ao setor farmacêutico e ao setor automóvel, entre 2019 e 2020, para Portugal e Espanha, elementos empíricos que permitem antever dificuldades acrescidas na aplicação do princípio de plena concorrência em tempo de pandemia.

O contexto pandémico e a resposta dos governos culminaram em condições económicas particulares que terão efeitos práticos no que toca à aplicação do princípio de plena concorrência. A pandemia conduziu à proliferação de riscos adicionais na atividade das empresas. Designadamente, riscos de mercado, resultantes do decréscimo significativo na procura de determinados bens e serviços, riscos operacionais, atendendo à perturbação dos canais de distribuição e à interrupção da produção, e riscos financeiros, uma vez que os custos de financiamento de algumas indústrias dispararam e os clientes atrasaram ou falharam os seus compromissos de pagamento.

Uma vez concluída a análise dos resultados, responder-se-á, de seguida, de forma sistematizada, às questões suscitadas no presente estudo, dando assim cumprimento aos objetivos, essencialmente empíricos, relacionados com o trabalho desenvolvido.

A primeira questão inquiria se a fiabilidade dos dados financeiros estaria diminuída nas análises de comparabilidade. Conclui-se que a pandemia afetou os resultados financeiros das empresas para os setores analisados. No caso do setor farmacêutico os resultados operacionais aumentaram por via do surgimento da pandemia. Tal é comprovado, entre outros fatores, pelo aumento do Volume de Negócios e dos Rendimentos Operacionais.

No caso do setor automóvel observa-se uma situação diferente. O número de empresas comparáveis diminuiu de 2019 para 2020, bem como a rubrica dos resultados operacionais. Ademais, verificou-se ainda um aumento do registo de perdas por imparidade e de subsídios à exploração em Portugal, em 2020. Em anos normais da atividade operacional do setor não se registariam provavelmente montantes idênticos nestas rubricas.

Desta forma e, conforme se expressa nas Recomendações da OCDE sobre esta temática específica, será importante ter em consideração que, para a análise dos períodos afetados pela pandemia, pode ser aconselhável separar os períodos antes e depois da Covid-19 de forma a evitar análises distorcidas.

Mostrou-se também que a pandemia influenciou diretamente a atividade operacional nos dois setores analisados. Independentemente do impacto positivo ou negativo em cada setor de atividade, a utilização de dados financeiros em anos de pandemia pode colocar em causa as análises de comparabilidade que se venham a realizar nos exercícios futuros.

Um dos critérios utilizados na estratégia de pesquisa — empresas com um mínimo de 3 000 000 € de proveitos operacionais — mostra isso mesmo. Ou seja, no caso do setor farmacêutico, empresas que, até 2019, não tinham atingido este valor mínimo de rendimentos conseguiram alcançar esta meta, em 2020, fruto do aumento de vendas e serviços prestados. Ora, no ano em que se deixem de sentir os efeitos da pandemia neste setor, o volume de negócios retomará, muito provavelmente, os seus montantes normais, deixando novamente de ser uma empresa potencialmente comparável, quanto a esta variável[27]. O mesmo raciocínio se poderá fazer para o setor automóvel.

Esta situação distorce os intervalos de plena concorrência e os indicadores financeiros das empresas, levando a correções das rubricas de modo a encontrar-se um indicador ajustado que melhor espelhe a rentabilidade da empresa. Ou a adaptar os critérios de pesquisa de empresas comparáveis por forma a obter-se o melhor intervalo de mercado.

Esta conclusão vai no sentido das Orientações da OCDE, vistas anteriormente, quanto à utilização de fontes alternativas de informação, tentando contornar o problema da qualidade dos dados.

No tocante à segunda questão que se elencou neste estudo, se as funções, ativos e riscos se alteraram em função da pandemia, concluiu-se, pela análise realizada para os dois setores, que o peso dos Ativos Fixos Tangíveis e dos Ativos Intangíveis sobre o total do Ativo não sofreu grande variação entre 2019 e 2020. Quanto às funções exercidas e riscos assumidos, no caso do setor automóvel, conforme os dados analisados, registou-se uma quebra na atividade operacional na grande parte das indústrias, fazendo com que a exposição a determinados riscos aumentasse. Como é o caso do risco operacional que corresponde a perdas geradas na atividade operacional, provocadas por situações externas como o caso da pandemia. O risco de liquidez e a possibilidade de não

[27] Como consta da portaria regulamentadora dos PT a análise de comparabilidade envolve muito mais do que o simples volume de negócios.

conseguir arcar com os seus compromissos, bem como o risco de crédito e o risco de mercado. Para as empresas que realizem transações com entidades fora da União Europeia ainda acresce o risco da taxa de câmbio.

No caso do setor farmacêutico, dado o aumento verificado do volume de negócios, pode existir a possibilidade de muitas indústrias terem começado a exercer outro tipo de funções que não as verificadas inicialmente. Pode ter sucedido que determinada empresa, que desempenhe funções de fabrico de medicamentos, tenha produzido também máscaras cirúrgicas de proteção contra a Covid-19. Estas situações provocam potenciais alterações nas cadeias de valor e na forma como as empresas são remuneradas pelos serviços que prestam ou bens que vendem.

No caso das entidades produtoras, podem apenas ser prestadoras de serviços que suportam riscos reduzidos, não controlam inventários nem possuem ativos intangíveis, sendo diferente de uma entidade produtora que suporta todos os riscos da operação, desenvolve a sua linha de produtos, desenvolve I&D e assume a totalidade das funções comerciais.

O perfil funcional da empresa é, como se sabe, fundamental para a definição de comparabilidade e na seleção das entidades comparáveis aquando da determinação de um intervalo em plena concorrência. Da análise realizada aos intervalos amostrais, no Capítulo IV, verificou-se que as margens operacionais do setor farmacêutico tendem a ser mais dispersas, tanto em Portugal como em Espanha, em 2020, em comparação com o setor automóvel. Ainda assim, foi no mercado espanhol que esta dispersão das margens operacionais foi mais sentida.

No que toca ao setor automóvel, foi em Portugal que se verificou uma maior amplitude e, por isso, rentabilidades também mais dispersas.

Por último e, em resposta à última questão deste estudo: que dificuldades trazem as alterações no contexto económico resultante da Covid-19 para a aplicação do princípio de plena concorrência?

Conforme verificado, os dados financeiros empresariais — designadamente a dispersão das margens — estão influenciados pela situação pandémica. Tal facto acarreta consequências, como sejam a existência de empresas com margens e rentabilidades discrepantes, tanto no setor automóvel como no farmacêutico, face a anos normais de atividade. Esta conjuntura eleva a dificuldade para encontrar empresas comparáveis suficientes que cumpram com as mesmas funções, ativos e riscos. Consequentemente, registam-se maiores distorções nos elementos de base para aferir intervalos de plena concorrência em sede de preços de transferência.

Neste sentido, importará aos contribuintes avaliar a profundidade do impacto da pandemia nas respetivas políticas de preços de transferência, antecipando diferentes margens de negócio futuras, mas também os elevados custos fixos associados ao confinamento ou às reestruturações dos negócios subsequentes. Devem documentar contemporaneamente como, e em que medida, foi afetado o desempenho económico-financeiro e recolher provas de mercado quanto à conduta de partes independentes em circunstâncias comparáveis, concretamente quanto a alterações efetuadas no âmbito das correspondentes relações comerciais e financeiras.

4.5. Considerações finais

Em futuros trabalhos, poderá revelar-se interessante analisar outros setores de atividade que tenham sido afetados pela pandemia, como, por exemplo, o setor do turismo. Poder-se-á ainda examinar se a pandemia impulsionou a elaboração de mais Acordos Prévios, conforme as Orientações emitidas pela OCDE de 2020.

Outra via de análise será a de averiguar os efeitos da aplicabilidade da nova Portaria n.º 268/2021, de 26 de novembro. Conforme referido no Capítulo I, aquando da elaboração do presente estudo ainda regia a Portaria n.º 1446-C/2001, 21 de dezembro. No entanto, o regime português sofreu alterações aplicáveis para os períodos de tributação que se iniciem em ou após 1 de janeiro de 2021.

Previamente a estas alterações, o regime português, regulado complementarmente pela Portaria n.º 1446-C/2001, de 21 de dezembro, estabelecia para os sujeitos passivos que, no exercício anterior, atingissem um valor anual de rendimentos totais superiores a 3 000 000 €, a obrigação legal de manter organizada informação e documentação respeitantes à política adotada na determinação dos preços de transferência e dispor de elementos aptos de provar a respetiva paridade com o mercado, através da elaboração da documentação fiscal de preços de transferência.

No entanto, com a Portaria n.º 268/2021, de 26 de novembro, foram introduzidas, entre outras relevantes, novas condições de exclusão de obrigatoriedade de preparação do dossiê fiscal de preços de transferência (DFPT). Ou seja, ficam dispensados da preparação e organização do DFPT, os sujeitos passivos que tenham atingido, no período a que respeita a obrigação, um montante total anual de rendimentos inferior a 10 000 000 €. No entanto, mesmo os sujeitos passivos que registem um montante total anual de rendimentos superior, ficam dispensados de preparar o DFPT relativo a operações vinculadas cujo valor no período não exceda, por contraparte, 100 000 € e, na sua globalidade, 500 000 €, considerando o respetivo valor de mercado.

Neste modo, caso se replicasse o estudo ora realizado, a estratégia de pesquisa por empresas comparáveis seria mais criteriosa, em virtude dos elementos exigíveis pela nova portaria. Como tal, poderá ser pertinente analisar os efeitos destes novos critérios de elegibilidade nas análises de comparabilidade realizadas a partir de 2021.

Poderá ser relevante ainda realizar o mesmo estudo para outros países da Europa.

BIBLIOGRAFIA

Bilicka, K., & Seidel, A. (2020). «Profit shifting and corruption». *International Tax and Public Finance, 27*(5), 1051–1080. https://doi.org/10.1007/s10797-020-09596-4

Choi, J. P., Furusawa, T., & Ishikawa, J. (2020). «Transfer pricing regulation and tax competition». *Journal of International Economics, 127.* https://doi.org/10.1016/j.jinteco.2020.103367

Christiani, T. A. (2016). «Normative and Empirical Research Methods: Their Usefulness and Relevance in the Study of Law as an Object». *Procedia - Social and Behavioral Sciences, 219*, 201-207. https://doi.org/10.1016/j.sbspro.2016.05.006

Stefano, G. da S., Antunes, T. dos S., Lacerda, D. P., Wolf Motta Morandi, M. I., & Piran, F. S. (2021). «The impacts of inventory in transfer pricing and net income: Differences between traditional accounting and throughput accounting». *British Accounting Review.* https://doi.org/10.1016/j.bar.2021.101001

Deloitte. (2020). «Cluster da indústria automóvel em Portugal». https://www2.deloitte.com/pt/pt/pages/consumer-business/articles/cluster-da-industria-automovel-em-portugal.html

EY. (2020, July 24). «Impacto da Covid-19 nos preços de transferência». https://www.ey.com/pt_ao/covid-19/impacto-do-covid-19-nos-precos-de-transferencia

EY. (2021). «Acordos Prévios de Preços de Transferência? A palavra-chave é antecipar!» https://easytax.jornaleconomico.pt/acordos-previos-de-precos-de-transferencia-a-palavra-chave-e-antecipar

Graça M. (2022) «Os Preços de Transferência: A aplicação do princípio de plena concorrência em tempos de pandemia», Dissertação de Mestrado, FEUC.

Georgijew, I., & Chung, K. (2020, September 24). «Testing the Meaning of the Arm's-Length Principle in 2020 and Beyond». *International Tax Review.*

Greil, S. (2021). «The Arm's Length Principle in the 21st Century». *Journal of Tax Administration, 6*(2).

Greil, S., Schwarz, C., & Stein, S. (2018). «Fairness and the Arm's Length Principle in a Digital Economy». *SSRN Electronic Journal.* https://doi.org/10.2139/ssrn.3209205

Guidance on the Transfer Pricing Implications of the Covid-19 Pandemic. (2020). OECD.

Hudaya, M., & Smark, C. (2016). «The Role of Case-study Research in Investigating Local-government Accountability Reporting: Evidence from Indonesia». *Procedia Economics and Finance, 35*, 44-53. https://doi.org/10.1016/S2212-5671(16)00008-3

Jansk, P., & Prats, A. (2015). «International Profit-Shifting out of Developing Countries and the Role of Tax Havens».

Jornal Económico. (2019). «O valor da Indústria Farmacêutica». https://jornaleconomico.pt/noticias/o-valor-da-industria-farmaceutica-403501

Klassen, K. J., Lisowsky, P., & Mescall, D. (2017). «Transfer Pricing: Strategies, Practices, and Tax Minimization». *Contemporary Accounting Research, 34*(1), 455-493. https://doi.org/10.1111/1911-3846.12239

Kumar, S., Pandey, N., Lim, W. M., Chatterjee, A. N., & Pandey, N. (2021). «What do we know about transfer pricing? Insights from bibliometric analysis». *Journal of Business Research, 134*, 275-287. https://doi.org/10.1016/j.jbusres.2021.05.041

Langbein, S. I., & Fuss, M. R. (2018). «The OECD/G20-BEPS-Project and the Value Creation Paradigm: Economic Reality Disemboguing into the Interpretation of the "Arm's Length"» Standard. *International Lawyer, 51*(2), 259-410.

Lemus, A. B., & Moreno, D. (2020). «Strategic incentives for keeping one set of books under the Arm's Length Principle». *Mathematical Social Sciences, 106*, 78-90. https://doi.org/10.1016/j.mathsocsci.2020.01.010

Leonov, P. Y., Bolot, A., & Norkina, A. N. (2021). «Formation of transfer pricing risk management competencies as an integral element of training specialists in economic security». *Procedia Computer Science, 190*, 521-526. https://doi.org/10.1016/j.procs.2021.06.060

Löffler, C. (2019). «Divisionalization and domestic transfer pricing for tax considerations in the multinational enterprise». *Management Accounting Research, 45*. https://doi.org/10.1016/j.mar.2019.07.003

Martins, A. (2015). «A Tributação e os Preços de Transferência: Estudo de Caso de Aplicação do Método da Margem Líquida das Operações». *Boletim Das Ciências Económicas Vol. 58*. https://doi.org/DOI:https://doi.org/10.14195/0870-4260_58_1

Martins, A., Correia, S., & Taborda, D. (2020). «Group Transactions, Transfer Pricing and Litigation: Evidence from Portugal». *Intertax, 48*(11), 998-1011.

Mills, T. (2019). «Fully armed: Is the application of the arm's length principle the best method to address transfer mispricing in the mining industry in developing countries?» *The Extractive Industries and Society, 6*(4), 1075-1078. https://doi.org/10.1016/j.exis.2019.07.011

Muzychuk, M. I., & Fomina, O. v. (2021). «Functions, Assets and Risk Analysis in the Preparation of Transfer Pricing Documentation». *Universal Journal of Accounting and Finance, 9*(5), 935-945. https://doi.org/10.13189/ujaf.2021.090505

OCDE. (2020). *OECD Releases Guidance on the Transfer Pricing Implications of Covid-19.*

OECD Transfer Pricing Guidelines for Multinational Enterprises and Tax Administrations 2017. (2017). OECD. https://doi.org/10.1787/tpg-2017-en

OMS. (2022, March 2). *Mental Health and Covid-19: Early evidence of the pandemic's impact.*

Pardal, L., & Lopes, S. E. (n.d.). *Métodos e Técnicas de Investigação Social.* In *1995* (10th–2011th ed.). Areal Editores.

Pieretti, P., & Pulina, G. (2020). «Does eliminating international profit shifting increase tax revenue in high-tax countries?» *Economic Modelling, 93*, 717-727. https://doi.org/10.1016/j.econmod.2020.01.020

Plano de ação para o combate à erosão da base tributária e à transferência de lucros. (2014). OECD. https://doi.org/10.1787/9789264207790-pt

Rossing, C., Cools, M., & Rohde, C. (2017). «International transfer pricing in multinational enterprises». *Journal of Accounting Education, 39*, 55-67. https://doi.org/10.1016/j.jaccedu.2017.02.002

Rogers, H., & Oats, L. (2021). «Transfer pricing: changing views in changing times». *Accounting Forum.* https://doi.org/10.1080/01559982.2021.1926778

Shang, G., & Rönkkö, M. (2022). «Empirical research methods department: Mission, learnings, and future plans». *Journal of Operations Management, 68*(2), 114-129. https://doi.org/10.1002/joom.1171

Teixeira, G. (2006). *Preços de Transferência — Casos Práticos* (pp. 201–213). Grupo Editorial Vida Económica.

«Transfer Pricing Guidelines for Multinational Enterprises and Tax Administrations (Summary in Portuguese)». (2001). In *Transfer Pricing Guidelines for Multinational Enterprises and Tax Administrations 2001*. OECD. https://doi.org/10.1787/9789264192218-sum-pt

Algumas questões contabilístico-fiscais relativas a contratos de construção: o relevo das estimativas de gastos

António Martins

1. Introdução

O presente estudo visa analisar determinadas questões contabilístico-fiscais relativas a contratos de construção. O seu foco principal incide na análise do reflexo no lucro tributável quanto a certos problemas que envolvem a gestão financeira e fiscal destes contratos. Neste âmbito, serão tratadas algumas vertentes da gestão orçamental, das estimativas de gastos e do seu impacto no resultado fiscal.

Esta temática é de particular pertinência num tempo[1] em que a inflação — fenómeno que há décadas não se conhecia com a intensidade que mostra em 2022 e 2023 — pode ter reflexos muito consideráveis nas estimativas de rendimentos e gastos e na periodização de resultados.

Acresce que, mesmo nos casos relativamente aos quais as estimativas iniciais das variáveis económico-financeiras de um contrato de construção levem em conta níveis de variação de preços que incorporem expectativas de inflação assinaláveis, o grau de incerteza que atualmente se vive pode, com elevada probabilidade, conduzir à necessidade da respetiva revisão.

Uma vez que essas revisões influem na distribuição temporal de resultados contabilísticos e fiscais, elas são, por isso, um tema pertinente para a gestão das entidades que desenvolvem esta atividade.

A Norma Contabilística e de Relato Financeiro (NCRF) 19 — Contratos de Construção, bem como o artigo 19.º do CIRC, elegem como preocupação primordial a questão do

[1] Este texto foi escrito em finais de 2022.

balanceamento (*matching*) entre réditos e gastos que são imputados a resultados ao longo do tempo que dura um contrato de construção.

A periodização económica do rédito e dos gastos assenta em critérios que, sendo desenvolvidos na NCRF 19, têm acolhimento (embora não totalmente coincidente) no artigo 19.º do CIRC. O método da percentagem de acabamento reveste-se, como se sabe, de importância fulcral nestes normativos. Tal percentagem determina-se por um quociente que apresenta no numerador os custos (gastos) incorridos até certo momento, e no numerador a soma desses custos incorridos com os custos adicionais estimados para concluir a obra.

Assim sendo, a estimativa dos gastos, elemento central na determinação da percentagem de acabamento e na imputação ou periodização temporal do rédito em diferentes exercícios, tem claras implicações contabilísticas e fiscais.

Uma hipotética ausência de revisão das estimativas de gastos, buscando aproximá-las, quando isso se revelar necessário ou justificável, aos gastos efetivos, pode conduzir a um diferimento muito substancial no reconhecimento do rédito, que não respeitará o objetivo ou regra central da NCRF 19 e do artigo 19.º do CIRC (balanceamento entre rendimentos e gastos de cada período).

Algumas bases para a revisão das estimativas de gastos (cf. § 29 da NCRF 19) podem encontrar-se na literatura da especialidade (v.g., *Project Management*, Gestão Orçamental, Contabilidade Analítica). Ou, porventura, numa lógica mais simples e apropriada em PME, em critérios numéricos com relevância económica. Num sentido de materialidade, previamente definida, com base, por exemplo, em réditos, gastos, ativos ou resultados.

Não se afigura que uma revisão de estimativas conduza, sistematicamente, a custos de observância desproporcionados. Sobretudo face ao benefício do incremento da fiabilidade derivado de um mais rigoroso cálculo do grau de acabamento, e do consequente aumento do rigor na imputação e balanceamento de rendimentos e gastos.

Por fim, e como antes se disse, a NCRF 19 e o artigo 19.º do CIRC têm como *ratio* principal o balanceamento. Este não deve ser desvirtuado por um grau de prudência ou conservadorismo tal que ponha em causa a consistência contabilística e fiscal do tratamento dos contratos de construção, tal como é exigido pelos normativos contabilísticos e fiscais a que as empresas estão obrigadas.

2. O tratamento contabilístico-fiscal dos contratos de construção

2.1. Aspetos gerais[2]

Na perspetiva de Batista e Pontes[3] a norma contabilística sobre contratos de construção (NCRF 19) não é uma variação, nem uma pormenorização, da norma sobre inventários; nem está centrada nas componentes do balanço, estando essencialmente relacionada com o desfecho económico dos contratos.

A NCRF 19 pretende responder essencialmente à problemática do balanceamento, ou do *matching*, entre réditos e gastos nas demonstrações financeiras das entidades contratadas. Procura, assim, resolver os problemas suscitados pelo «princípio da periodização económica» nas demonstrações financeiras das empresas construtoras: a afetação, a cada exercício, dos rendimentos e dos gastos que lhe devam ser imputados, em face da habitual duração plurianual das obras.

Para tal, a utilização do método da percentagem de acabamento é de extrema importância, tanto no plano contabilístico, como no plano fiscal, por via da conjugação do artigo 18.º, n.º 3, alínea c) com o artigo 19.º, ambos do CIRC. Pode assim concluir-se que, no plano fiscal, são também objetivos de periodização e de balanceamento entre réditos e gastos que estão na base das regras do CIRC que regulam esta matéria.

Pinto Fernandes[4] sublinha que o método da percentagem de acabamento «conduz ao reconhecimento de proveitos à medida que a obra contratada progrida, atribuindo-se a cada período contabilístico um resultado correspondente ao seu grau de acabamento, mediante o balanceamento dos proveitos com os custos incorridos».

Já se vê, pois, que a determinação, tão correta e consistente quanto possível, da percentagem de acabamento é condição fundamental para a boa aplicação do método.

Os problemas que decorrem da aplicação do método da percentagem de acabamento são, essencialmente, os seguintes:

i) Um contrato de construção é, em regra, uma obra complexa e de longa duração. Assim, os objetivos iniciais podem sofrer desvios significativos, nomeadamente

---

[2] Seguem-se aqui alguns tópicos que se encontram em R. Almeida e A. Martins, (2014) «Temas económico-fiscais nos contratos de construção: a perspetiva das empresas»; *Revista de Finanças Públicas e Direito Fiscal*, vol. VI, 3, pp.77-120.

[3] L. Batista e S. Pontes (2011) *SNC: Contratos de Construção, Lisboa, OTOC.*

[4] F. Pinto Fernandes e N. Pinto Fernandes, (1996) *IRC – Comentado e Anotado*, Lisboa, Rei dos livros, p. 181.

ao nível do prazo de execução e dos gastos. O uso do método da percentagem de acabamento pode levar a distorções nos resultados de cada um dos períodos económicos, no caso de as estimativas dos gastos a incorrer não serem fiáveis, não forem revistas quando tal se revele necessário em face da magnitude dos desvios, ou no caso de os gestores dos projetos manipularem os valores orçados.

ii) Uma outra dificuldade prática na aplicação do método prende-se com a desatualização dos gastos previstos inicialmente, visto que este método depende muito dos valores orçados. A não atualização destas estimativas pode provocar desvios significativos no reconhecimento dos réditos e dos gastos, distorcendo a situação económica e fiscal das entidades, desrespeitando o princípio da periodização económica.

iii) Quando os gastos reais excedem os orçados, é comum ocorrer a ocultação dos desvios negativos por parte dos gestores do projeto, a fim de continuarem a efetuar estimativas otimistas de gastos a incorrer, sobretudo se existirem prémios de desempenho em cada período.

iv) Existe, por vezes, a prática de reconhecer os desvios num estágio muito avançado, ou mesmo no final do contrato. Tal pode provocar resultados incorretos que conduzem a colocar em crise a característica de fiabilidade da informação financeira.

v) Nas entidades com mais de uma obra em curso, pode observar-se a transferência de gastos entre obras, de forma a ocultar perdas em certos contratos, ou a obter um maior reconhecimento de resultados em obras lucrativas.

Tais problemas foram documentados, entre outros estudos, num inquérito a empresas (PME) do setor da construção civil dos distritos de Coimbra e Viseu[5]. O inquérito compreendeu as seguintes áreas: caracterização da empresa, problemática da contabilização dos gastos, aplicação do método da percentagem de acabamento, sistema de controlo de gastos implementado e, por último, a aplicação do artigo 19.º do CIRC. Foram obtidos 30 inquéritos válidos.

Para o que aqui importa, são de salientar as seguintes conclusões:

i) 90% das empresas inquiridas evidenciou o método da percentagem de acabamento como base de reconhecimento de resultados contabilísticos.

ii) Os problemas que salientaram na aplicação do método foram: gastos estimados diferentes dos gastos reais, desatualização dos gastos previstos inicialmente, a não

[5] Ver R. Almeida e A. Martins, (2014) «Temas económico-fiscais nos contratos de construção: a perspetiva das empresas»; *Revista de Finanças Públicas e Direito Fiscal*, vol. VI, 3, pp. 77-120.

correção das estimativas ao longo da execução do contrato, o reconhecimentos dos desvios em estados avançados da obra ou só no final, a contabilização dos gastos adicionais (trabalhos a mais) e a separação dos gastos referentes a cada uma das obras em curso.

iii) No tocante a sistemas de controlo de gastos, as empresas utilizavam os que surgem no Quadro 1:

QUADRO 1
SISTEMA DE CONTROLO DE GASTO UTILIZADO PELAS EMPRESAS

Sistema de controlo	Nenhum	Lucros e perdas globais	Ganhos e perdas, por período de avaliação	Custos (gastos) unitários	Sistemas baseados nos custos (gastos) -padrão	Pert-custos (gastos) ou C.P.M-custos (gastos)
a	13,3	30,0	46,7	13,3	13,3	0,0

Fonte: Almeida e Martins (2014).

Em suma, no tratamento contabilístico dos contratos de construção a determinação da percentagem de acabamento das obras é o tema central a ter em conta. Sendo certo que a estimativa de gastos constitui o cerne de uma boa aplicação prática deste método, nas PME será esperável que existam algumas dificuldades.

Porém, como se viu no estudo que se mencionou, tal não impede que, na maioria dessas empresas, ele seja aplicado, reconhecendo embora alguma complexidade na estimativa inicial e na revisão dos gastos. Todavia, o controlo dos gastos é efetuado com base em vários métodos, o que mostra que essas entidades têm consciência da centralidade da questão orçamental e das estimativas a ela associadas.

2.2. A função dos orçamentos, da estimativa de gastos e o procedimento das empresas

Um objetivo primordial do controlo de gestão é a análise dos desvios resultantes da atividade efetivamente realizada face ao planeamento financeiro existente. Assim, os gestores podem corrigir em tempo útil as previsões inicialmente efetuadas e tomar medidas que favoreçam um melhor desempenho das entidades empresariais.

Em cada nível de responsabilidade, qualquer evolução suscetível de provocar um aumento das necessidades financeiras, ou uma diminuição dos recursos, deve ser vigiada.

O controlo financeiro implica a existência de um quadro de referência para apreciar corretamente a evolução do desempenho da entidade. De acordo com as necessidades de cada empresa, poderá haver quadros comparativos, mais ou menos desenvolvidos, onde se destacam os valores dos desvios. Desta forma, podem ser posteriormente individualizados por ordem de importância, para que possam ser tratados e, se necessário, tomar medidas que promovam um melhor desempenho. Ou, ainda, proceder à revisão das previsões efetuadas, de forma a diminuir a persistência do mesmo tipo de desvios. Se tal é de boa prática em tempos de relativa estabilidade de preços, mais se justifica no atual contexto de pressão inflacionista.

Sobre esta matéria, Pires Caiado[6] sustenta que as previsões orçamentais devem ser ajustadas em função do respetivo grau de realização, da conjuntura económica e do aparecimento de novos fatores que as influenciem. Sublinha ainda que a análise de desvios visa eliminar (ou reduzir) futuras diferenças resultantes do mesmo tipo de causas. E enfatiza a necessidade de revisão das estimativas subjacentes aos orçamentos em função de «alterações que se tornem necessárias em resultado de mudanças nas condições do negócio». Isto em empresas com ciclo de produção infra-anual, como sejam, por exemplo, fabricantes de sapatos ou de mobiliário. Esta perspetiva ainda mais se justifica em empresas de ciclo de produção longo, como as integradas no setor da construção. Por fim, defende a flexibilidade orçamental, para ajustar os gastos de cada período à atividade desenvolvida.

No atual contexto, de escassez de matérias-primas e de dificuldades nas cadeias de abastecimento, a análise regular do impacto nas estimativas plurianuais de gastos é sobremaneira premente.

Feito este excurso enquadrador, é certo que algumas particularidades práticas, observadas nas PME, podem limitar a precisão das estimativas e o grau de controlo das mesmas pelos administradores ou gerentes. Todavia, no setor da construção, sabe-se que a estimativa de gastos e a sua revisão (quando necessária, materialmente relevante, ou economicamente justificável) são traves mestras na determinação da percentagem de acabamento. Mais: se os princípios da gestão económico-financeira assim o apontam, a legislação contabilística e fiscal exige-o.

Em possíveis situações de litígio fiscal, em sede do IRC, a consistência da contabilidade é, em regra, determinante. A forma como sustenta o apuramento de indicadores (v.g., percentagem de acabamento) que têm um forte impacto na periodização do lucro,

---

[6] A. Pires Caiado (1997), *Contabilidade de Gestão*, Lisboa, Vislis, em especial capítulo sobre Gestão Orçamental, p. 561 e segs.

é crucial na fundamentação da posição de uma entidade do setor da construção que, tendo sofrido uma correção fiscal em resultado da aplicação da percentagem de acabamento, procura contestar a dita correção.

Se outras razões não existissem (e existem, tal como a aferição da capacidade dos gestores no cumprimento de objetivos, a atribuição de prémios de desempenho, as relações com bancos e locadores, etc.) o papel decisivo que as estimativas de gastos têm no plano contabilístico-fiscal seria razão bastante para que tal imponha a existência de certa capacidade técnica de orçamentação e revisão de estimativas em empresas do setor.

Claro está que nem todas possuem idêntica estrutura de gestão, capacidade e recursos. Mas é dificilmente justificável uma situação em que nenhuma base quantitativa ou documental é apresentada à AT quando uma entidade é questionada sobre estimativas de gastos num contexto da aplicação do artigo 19.º do CIRC.

Se uma certa modalidade de orçamentação não está solidamente justificada pela administração das empresas e influencia negativamente a imputação do rédito, desvirtua a fiabilidade da informação financeira, com reflexos em sede do IRC.

Como antes se sublinhou, o balanceamento entre rédito e gastos (traduzindo a periodização) é o objetivo primordial da NCRF 19 e do artigo 19.º do CIRC (note-se que o artigo 18.º, n.º 3, c) do CIRC, remete para o artigo 19.º a especial modalidade de periodização quanto aos contratos de construção).

2.3. A revisão das estimativas de gastos

A revisão das estimativas de gastos é tema analisado nos normativos contabilísticos. De especial relevo é a interpretação do § 29 da NCRF 19, que se transcreve:

> 29 — Uma entidade está geralmente em condições de fazer estimativas fiáveis após ter aceite um contrato que estabeleça:
>
> (a) Os direitos a cumprir por cada parte no que respeita ao activo a ser construído;
>
> (b) A retribuição a ser trocada; e
>
> (c) A forma e o prazo de liquidação.
>
> É também normalmente necessário que a entidade tenha um sistema eficaz de orçamentação e de relato financeiro. A entidade passa em revista e, quando necessário, revê as estimativas do rédito do contrato e dos custos do contrato à medida que o trabalho progride. A necessidade de tais revisões não indica necessariamente que o desfecho do contrato não possa ser estimado com fiabilidade.

Analise-se, para já num plano geral, a questão da revisão das estimativas, no contexto do apuramento de percentagens de acabamento e consequente imputação de rédito a determinados períodos. Da literatura internacional, pode citar-se o seguinte trecho (negrito nosso):

> ***Control Estimates***[7]
>
> *Both the owner and the contractor must adopt some base line for cost control during the construction. For the owner, a budget estimate must be adopted early enough for planning long term financing of the facility. Consequently, the detailed estimate is often used as the budget estimate since it is sufficient definitive to reflect the project scope and is available long before the engineer's estimate.* ***As the work progresses, the budgeted cost must be revised periodically to reflect the estimated cost to completion. A revised estimated cost is necessary either because of change orders initiated by the owner or due to unexpected cost overruns or savings.***
>
> *For the contractor, the bid estimate is usually regarded as the budget estimate, which will be used for control purposes as well as for planning construction financing.* ***The budgeted cost should also be updated periodically to reflect the estimated cost to completion as well as to insure adequate cash flows for the completion of the project.***

J. Meredith e S. Mantel[8] sustentam que mesmo em empresas onde atuam profissionais com elevada experiência em previsões para efeitos de orçamentação de projetos/obras é inevitável que surjam desvios. E deve lidar-se com eles, apontando os autores métodos que vão desde os que assentam em bases estatísticas, passando pela construção de cenários pessimistas, médios e otimistas, pela fixação de uma percentagem para contingências inesperadas, ou por uma definição prévia das circunstâncias físicas ou económicas que exigem revisão de estimativas. Quer a pandemia Covid-19, quer a guerra desencadeada pela Rússia, são eventos com forte impacto no setor que aqui analisamos. Deste modo, os tempos que se vivem exigem particular atenção a tais desvios e ao seu reflexo fiscal.

---

[7] in «Project Management for Construction: cost estimation», disponível em: *Project Management for Construction: Cost Estimation (cmu.edu)*, acedido em setembro de 2022.

8 Ver J. Meredith e S. Mantel (1995), Project Management, N. York, Wiley. p. 303 e segs.

Sabe-se que muitos dos manuais que tratam destas matérias não se dirigem a microempresas, ou a entidades com fracos ou nulos recursos e capacidade técnica própria.

Adicionalmente, quer a contabilidade (NCRF 19) quer a tributação em IRC impõem às ditas empresas um especial cuidado com o balanceamento entre réditos e gastos, e não o reconhecimento de percentagens avultadas de rédito na fase final das obras, usando como exemplo de suporte justificativo para tal opção a eficiência nos gastos suportados, por via de redução de consumo de *inputs*, e que tal só se pôde comprovar globalmente no(s) último(s) ano(s).

Algumas bases para a revisão das estimativas de gastos (cf. § 29 da NCRF 19) podem encontrar-se na literatura da especialidade. Ou, porventura, numa lógica mais simples e apropriada em PME, em critérios de materialidade previamente definidos acerca da necessidade de revisão das estimativas.

Com efeito, a noção de materialidade prevista na Estrutura Conceptual do SNC é a seguinte:

> Materialidade
>
> 30 — A informação é material se a sua omissão ou inexatidão influenciarem as decisões económicas dos utentes tomadas com base nas demonstrações financeiras. A materialidade depende da dimensão do item ou do erro julgado nas circunstâncias particulares da sua omissão ou distorção. Por conseguinte, a materialidade proporciona um patamar ou ponto de corte, não sendo uma característica qualitativa primária que a informação tenha de ter para ser útil.

A título ilustrativo, compreende-se que numa obra orçada, por exemplo, em 6 milhões de euros, com gastos previstos de 5 milhões de euros, possam existir desvios, tanto no sentido de excesso de gastos reais, como no da sua redução, face ao valor estimado. Tais desvios podem cifrar-se em 5%, 10%, e isso não constituir fator determinante na revisão das estimativas. Observam-se, por vezes, margens ou desvios que se aceitam, face à incerteza que, na prática, se tem de enfrentar. E que podem, inclusivamente, não ter relevo material, por não modificarem a perceção dos utentes das demonstrações financeiras.

Contudo, quando tais desvios produzam uma imputação claramente enviesada do rédito, e um «desbalanceamento» entre rédito e gastos que comprometa a fiabilidade da informação financeira, e a administração das empresas não atue, haverá que alertar para o grau de rigor na determinação da percentagem de acabamento, ela própria dependente da revisão das estimativas.

Existem, como é natural, critérios de materialidade, assentes em juízos profissionais e variáveis económico-financeiras de referência definidas nas Normas.

Crê-se que os departamentos de contabilidade, em articulação com a administração das empresas, podem definir regras segundo as quais quando se apure, durante um certo exercício, um desvio superior a x% (10%, 20%, 25%, ou outro valor calculado com base na experiência dos gestores, dos responsáveis de obra e do serviço de contabilidade) entre custos estimados e custos reais, se imporá a revisão. Não se entende que tal conduza, por via de regra, a custos de observância desproporcionados; sobretudo face ao benefício do incremento da fiabilidade derivado de um mais preciso cálculo do grau de acabamento e do consequente maior rigor na imputação e balanceamento de rendimentos e gastos.

A relevância material é aferida, usualmente, por referência a ativos, rendimentos ou resultados. Assim, não se afigura plausível que desvios claros, e materialmente relevantes, entre gastos estimados e reais não induzam uma revisão de estimativas, para cumprir o objetivo do balanceamento, elemento fulcral que subjaz ao normativo contabilístico-fiscal dos contratos de construção.

Aliás, o § 38 da NCRF 19, dispondo que «o método da percentagem de acabamento é aplicado numa base acumulada em cada período contabilístico às estimativas correntes de rédito do contrato e custos do contrato (...)», vinca também a atenção particular que se deve atribuir às estimativas existentes em cada período de relato.

Dadas estas exigências, não será adequado ou consentâneo que, por hipotético exemplo, a administração de uma entidade mantenha as estimativas de gastos até ao último ano de execução de certa obra, quando o desvio total ascende a 50% ou 60% da estimativa global dos gastos. Em algum ponto temporal (determinado por critérios a que já nos referimos) seria economicamente justificável rever essas estimativas, para dar maior consistência e rigor à quantificação do grau de acabamento. Até por que a passagem do tempo e o avanço da obra permitirá um melhor conhecimento dos custos e o afinamento progressivo das estimativas.

E, como se refere na NCRF 19, aplicar tais revisões ao período em causa e aos períodos posteriores, realocando o rédito, por remissão para os procedimentos previstos na NCRF 4.

Se, a título de mero exemplo, se definisse que, num certo ano, sempre que os gastos reais acumulados se desviassem em mais de 20% dos gastos orçados, haveria revisão de estimativas, ter-se-ia um critério objetivo.

Ou, ainda de forma meramente exemplificativa, se determinados gastos individualizados (v.g., mão de obra, material 1, material 2, serviços de terceiros, etc.) ultrapassarem y% do total dos gastos previstos, então ocorrerá revisão de estimativas caso um destes componentes (v.g., material 2) sofrer desvios superiores a x%.

Sendo y% e x% sustentados em critérios de experiência e juízos valorativos de gestão, teríamos fundamento para desencadear a revisão das estimativas. Isso tornaria mais rigorosa a determinação da percentagem de acabamento e reduziria a probabilidade de potenciais correções fiscais.

O critério de revisão poderia ser determinado de maneira que a magnitude dos desvios apenas implicaria revisões em cenários quantitativos de claro desfasamento, perda de utilidade económica e de qualidade de ferramenta de gestão do orçamento inicial. Mesmo em PME não será crível que, por sistema, tais procedimentos sejam economicamente incomportáveis ou tecnicamente inviáveis.

A margem de flexibilidade interpretativa, para os órgãos de gestão, relativamente a *quando seja «necessário»* rever as estimativas não deve servir para caucionar a desnecessidade sistemática dessa revisão. Tanto mais que essa necessidade ganha especial acuidade em projetos de larga duração, onde a divergência entre gastos orçados e reais se reveste de maior probabilidade prática. E, no contexto atual, variáveis externas — económicas e geopolíticas — reduzem quer a fiabilidade quer a razoabilidade temporal das estimativas iniciais, e até das já eventualmente revistas.

3. Aspetos contabilístico-fiscais no reconhecimento do rédito: pode a prudência ser erigida em fator determinante?

Vejamos algumas disposições importantes das NCRF 19 e do CIRC.

> NCRF 19
>
> Objectivo
>
> 1 — O objectivo desta Norma Contabilística e de Relato Financeiro é o de prescrever o tratamento contabilístico de réditos e custos associados a contratos de construção. Por força da natureza da actividade subjacente aos contratos de construção, a data em que a actividade do contrato é iniciada e a data em que a actividade é concluída caem geralmente em períodos contabilísticos diferentes. Por isso, o assunto primordial na contabilização dos contratos de construção é a imputação do rédito do contrato e dos custos do contrato aos períodos contabilísticos em que o trabalho de construção seja executado. Esta Norma usa os critérios de reconhecimento estabelecidos na Estrutura Conceptual para determinar

> quando os réditos do contrato e os custos do contrato devam ser reconhecidos como réditos e gastos na demonstração dos resultados. Também proporciona indicação prática sobre a aplicação destes critérios.
>
> 22 — Quando o desfecho de um contrato de construção puder ser fiavelmente estimado, o rédito do contrato e os custos do contrato associados ao contrato de construção devem ser reconhecidos como rédito e gastos respectivamente com referência à fase de acabamento da actividade do contrato à data do balanço.
>
> 25 — O reconhecimento de rédito e de gastos com referência à fase de acabamento de um contrato é muitas vezes referido como o método da percentagem de acabamento. Segundo este método, o rédito contratual é balanceado com os gastos contratuais incorridos ao atingir a fase de acabamento, resultando no relato de rédito, gastos e lucros que possam ser atribuíveis à proporção de trabalho concluído. Este método proporciona informação útil sobre a extensão de actividade e desempenho do contrato durante um período.
>
> 26 — Pelo método da percentagem de acabamento, o rédito do contrato é reconhecido como rédito na demonstração dos resultados nos períodos contabilísticos em que o trabalho seja executado. Os custos do contrato são geralmente reconhecidos como um gasto na demonstração dos resultados nos períodos contabilísticos em que o trabalho com o qual se relacionam seja executado (...)

É nítido que o espírito subjacente à Norma é o de balancear réditos e gastos. Baseando-se numa assunção ou pressuposto de que eles se vão correlacionando à medida que o trabalho progride. Ou seja, o diferimento do reconhecimento do rédito, com base num hipotético respeito pela prudência, que justificaria a antecipação de gastos e o adiamento do registo de réditos (este decorrente da manutenção dos gastos estimados para completar a obra, mesmo em casos de manifesta divergência entre gastos estimados e reais ao longo da execução do contrato) não se alcança no espírito, nem na letra, da norma.

A expressão *quando necessário* (cf. § 29 da NCRF 19) não pode significar que, mesmo que existam desvios entre os gastos estimados e reais que sejam inegavelmente avultados, com um nível de materialidade (no sentido do disposto no § 29 da Estrutura Conceptual) claro e óbvio, a aplicação da prudência no diferimento do reconhecimento do rédito anule a necessidade de qualquer revisão de estimativas.

O princípio da periodização materializa-se na NCRF 19 pelo método da percentagem de acabamento. A aplicação deste princípio, e do método que o corporiza, é determinante — contabilística e fiscalmente — nas empresas do setor em causa.

Vejamos, no plano fiscal, quanto ao CIRC. Aqui, estamos com a posição de M. de Freitas Pereira, que, já em 1986, bem antes do SNC, afirmava[9]: «em certos casos, uma leitura demasiado restritiva desta exigência (princípio da prudência) tem servido até para injustificadamente diferir o reconhecimento de resultados (veja-se, por exemplo, o que se passa às vezes relativamente a contratos de longa duração)».

Como se vê nos normativos abaixo transcritos, o artigo 19.º do CIRC é um caso especial do princípio da periodização constante do CIRC.

Artigo 18.º
Periodização do lucro tributável

1 — Os rendimentos e os gastos, assim como as outras componentes positivas ou negativas do lucro tributável, são imputáveis ao período de tributação em que sejam obtidos ou suportados, independentemente do seu recebimento ou pagamento, de acordo com o regime de periodização económica.

(...)

3 — Para efeitos de aplicação do disposto no n.º 1:

(...)

c) Os réditos e os gastos de contratos de construção devem ser periodizados tendo em consideração o disposto no artigo 19.º

Artigo 19.º
Contratos de construção

1 — A determinação dos resultados de contratos de construção é efetuada segundo o critério da percentagem de acabamento.

2 — Para efeitos do disposto no número anterior, a percentagem de acabamento no final de cada período de tributação corresponde à proporção entre os gastos suportados até essa data e a soma desses gastos com os estimados para a conclusão do contrato.

3 — Quando, de acordo com a normalização contabilística, o desfecho de um contrato de construção não possa ser estimado de forma fiável, considera-se que o rédito do contrato corresponde aos gastos totais do contrato

---

[9] M. H. de Freitas Pereira, «A periodização do lucro tributável», Dissertação de Mestrado, Lisboa, ISEG, p. 58.

> 4 — Não são dedutíveis as perdas esperadas relativas a contratos de construção correspondentes a gastos ainda não suportados.

O artigo 19.º do CIRC não tem a sua *ratio* na prudência. Para isso existem no SNC, no tocante a gastos, normas como sejam as respeitantes a Provisões (NCRF 21), Imparidades (NCRF 12). E até a NCRF 20 — Rédito é também pertinente.

Porém, a Norma que aqui se vem analisando, e o artigo 19.º do CIRC, pautam-se por uma lógica de balanceamento, que será infringida caso a estimativa de gastos tenha subjacente uma excessiva prudência, levando à ausência de revisão, em face das opções dos gestores.

O próprio traço da prudência é desrespeitado caso se subestime o rédito por via de uma aplicação do método da percentagem de acabamento que distorça o valor a reconhecer. Vejamos. Na Estrutura Conceptual dispõe o § 37, intitulado «Prudência», que:

> Prudência 37 — Os preparadores das demonstrações financeiras têm, porém, de lutar com as incertezas que inevitavelmente rodeiam muitos acontecimentos e circunstâncias, tais como a cobrabilidade duvidosa de dívidas a receber, a vida útil provável de instalações e equipamentos e o número de reclamações de garantia que possam ocorrer. Tais incertezas são reconhecidas através da divulgação da sua natureza e extensão e pela aplicação de prudência na preparação das demonstrações financeiras. A prudência é a inclusão de um grau de precaução no exercício dos juízos necessários ao fazer as estimativas necessárias em condições de incerteza, de forma que os ativos ou os rendimentos não sejam sobreavaliados e os passivos ou os gastos não sejam subavaliados. Porém, o exercício da prudência não permite, por exemplo, a criação de reservas ocultas ou provisões excessivas, a subavaliação deliberada de ativos ou de rendimentos, ou a deliberada sobreavaliação de passivos ou de gastos, porque as demonstrações financeiras não seriam neutras e, por isso, não teriam a qualidade de fiabilidade.

Concluindo, sendo certo que a característica da prudência é uma das que norteia, na Estrutura Conceptual do SNC, a preparação das demonstrações financeiras, ela não deverá ser erigida em guia único ou predominante na imputação de réditos e gastos nas obras relativas a contratos de construção.

Por três razões. Em primeiro lugar, porque o enunciado dessa característica menciona expressamente que ela não deve servir para subvalorizar réditos em certos períodos de relato. Em segundo lugar, porque há que caldear a prudência com outras características da informação financeira, garantindo que, em conjunto, produzem informação fiável. Ora, a distorção e a redução do rigor na determinação da percentagem de acabamento das obras produzem um sério dano no grau de fiabilidade que os utilizadores da informação podem atribuir às demonstrações financeiras. Por fim, e como antes se disse, a NCRF 19 e o artigo 19.º do CIRC têm como *ratio* principal o balanceamento, que não deve ser desvirtuado por um grau de prudência tal que ponha em causa a consistência contabilística e fiscal do tratamento dos contratos de construção, tal como é exigido pelos normativos contabilísticos e fiscais a que as empresas estão obrigadas.

Entende-se que, em tempos de elevada incerteza, não seja fácil fundamentar revisões de estimativas em contratos de construção a longo prazo. Todavia, entre dois males:

— o da revisão, embora sujeita a certo risco de quantificação,
— o da manutenção das previsões em caso de manifesto desfasamento face à evolução da realidade económica,

será de optar pelo menor, que parece ser o primeiro.

Ativos biológicos, auditoria fiscal e métodos indiretos de tributação

António Martins

1. Introdução: o justo valor, a contabilidade e a fiscalidade

Determinados tipos de ativos (*e.g.*, biológicos, propriedades de investimento) devem, por princípio, ser mensurados pelo justo valor. As alterações no justo valor podem influenciar os lucros ou os prejuízos, ou serem reconhecidas no património líquido (*comprehensive income*). As implicações fiscais seguem, em alguns casos, o tratamento contabilístico. No entanto, noutros casos, há uma desconexão entre as duas áreas.

Dois exemplos ilustram esta questão no contexto da tributação, em IRC, das sociedades portuguesas. Se uma entidade possui instrumentos financeiros detidos para negociação (curto prazo), ou detidos para venda (como investimento), a norma contabilística portuguesa (NCRF 27) determina que, em ambos os casos, o justo valor através de resultados é a regra. Tais ganhos e perdas de valor justo são fiscalmente relevantes se os instrumentos financeiros forem negociados publicamente e a percentagem detida for inferior a 5% do capital social de uma empresa cotada num mercado regulamentado (cf. artigo 18.º, n.º 9 do CIRC).

Contrariamente, se a mesma entidade utiliza o normativo internacional IAS/IFRS (neste caso, a IAS 39), existe uma distinção entre o instrumento detido para negociação (justo valor através de resultados) e detido para venda (justo valor através de capital próprio). Neste último caso, os ganhos e perdas periódicos de justo valor não são tributariamente relevantes, aplicando-se, no momento da venda, o princípio de realização.

Nos ativos biológicos, a contabilização ao justo valor também constitui a regra. Todavia, para ativos biológicos consumíveis (curto prazo)[1] esse método valorimétrico tem consequências contabilísticas e fiscais. Já para os ativos de produção (longo prazo), o justo valor não tem consequências fiscais e aplica-se o princípio da realização. E tal

[1] Nos termos do artigo 23.º, n.º 2, k) do CIRC.

tratamento é coincidente se o proprietário desses ativos utiliza normas contabilísticas nacionais ou internacionais.

No contexto nacional, a Autoridade Tributária e Aduaneira tem, por vezes, levado a cabo inspeções a sociedades integradas nos setores da suinicultura, da avicultura, e outros que utilizam ativos biológicos. Em certos casos, os Relatórios de Inspeção Tributária (RIT) concluem que existem motivos para o recurso a métodos indiretos de tributação. De entre tais motivos, destaca-se, por ser habitual na fundamentação da AT, que os indicadores (*ratios*) da margem bruta sobre as vendas (que a AT designa por «MB II») são substancialmente inferiores aos do setor de atividade, o que, conjugado com outras razões usualmente aduzidas nos RIT (como seja, por exemplo, discrepância entre consumos de vacinas e a produção observada de animais), indiciaria a omissão de vendas por parte dos sujeitos passivos.

A dita margem MB II é apurada como se segue:

$$MBII = [VN-(CMVMC+FSE)] / VN$$

em que:

VN – volume de negócios (Vendas + Prestações de serviços) – contas 71 e 72 do SNC;

CMVMC – Custo das mercadorias vendidas e das matérias consumidas (Consumos) – Conta 61 do SNC;

FSE – Fornecimentos e serviços externos - conta 62 do SNC.

Em face do exposto, este escrito discute algumas questões que reputamos pertinentes para os referidos casos de aplicação de métodos indiretos. Assim, e em primeiro lugar, existirá, nos setores da suinicultura, da avicultura e outros que usam ativos biológicos, especificidade contabilística que implique a necessidade de uma análise aprofundada de indicadores baseados em vendas, gastos e margens? Em particular, aspetos como a «Variação da produção», os «Trabalhos para a própria empresa» e os «Ganhos de justo valor» devem merecer uma atenção especial? Em segundo lugar, a (re)quantificação da matéria tributável com recurso ao indicador MB II terá sólida base contabilística e económica?

2. A quantificação da matéria tributável

Os indicadores que representam as margens brutas (MB) das empresas constituem elementos relevantes na fundamentação efetuada nos Relatórios para a utilização de métodos indiciários. Ao mesmo tempo, são usualmente erigidos — nos termos do artigo 90.º da Lei Geral Tributária (LGT) — em critérios de determinação ou quantificação da matéria tributável por via de métodos indiretos. Assim, nos próximos pontos abordar-se-ão temas que entendemos pertinentes para a análise das correções efetuadas a partir destas margens.

2.1. Os indicadores (rácios) de margem: aspetos contabilísticos

2.1.1. Os ativos biológicos de produção e de consumo: uma ilustração simples da complexidade na respetiva contabilização, após a entrada em vigor do Sistema de Normalização Contabilística (SNC)

O Plano Oficial de Contabilidade (POC) — o qual vigorou entre nós até à entrada em vigor do Sistema de Normalização Contabilística (SNC), em 2010 — não tratava expressamente da contabilização de ativos biológicos (animais ou plantas vivos). Quer isto dizer que nele não existiam contas, nem subcontas, específicas para este tipo de ativos, nem se desenvolviam regras de registo para tais elementos patrimoniais. Sabendo-se do relevo económico de setores como o agropecuário ou o florestal, tal omissão era causadora de entorses e imprecisões nas respetivas demonstrações financeiras.

O SNC, constante do Decreto-Lei n.º 158/2009, de 13 de julho, alterou esta situação. A Norma Contabilística e de Relato Financeiro (NCRF) n.º 17 – «Agricultura» veio enquadrar normativamente o tratamento contabilístico dos designados «ativos biológicos».

O plano de contas do SNC acolheu, entre outras com ligação aos ativos biológicos, a conta 31.3 — «Compras de ativos biológicos», a conta 61.3 — «Consumos de ativos biológicos», a conta 37.1 — «Ativos biológicos de consumo» (por exemplo, borregos para venda), a conta 37.2 — «Ativos biológicos de produção» (por exemplo, porcas reprodutoras, das quais resultam os ativos biológicos de consumo[2]), a conta 71.4 – «Vendas de ativos

[2] Isto é, leitões nascidos na exploração, aí criados e depois vendidos como porcos para abate e posterior consumo.

biológicos», a conta 73.4 – «Variação da produção de ativos biológicos», e também a conta 77.4 — «Ganhos de justo valor em ativos biológicos».

Uma questão central no tratamento contabilístico destas operações resulta do que se passou a dispor no § 13.º da NCRF n.º 17 – Agricultura. Aí se estabelece que:

> 13 — Um ativo biológico deve ser mensurado, no reconhecimento inicial e em cada data de balanço, pelo seu justo valor menos os custos de alienação, exceto no caso descrito no parágrafo 30 em que o justo valor não pode ser fiavelmente mensurado.

No § 9 define-se justo valor como:

> 9 — a quantia pela qual um ativo pode ser trocado ou um passivo liquidado, entre partes conhecedoras e dispostas a isso, numa transação em que não exista relacionamento entre elas.

Enquanto no POC era o custo histórico (tipicamente preço de fatura aquando da aquisição) que comandava a valorização destes ativos, o SNC veio estabelecer como regra que o justo valor (cuja representação mais fiável corresponde ao preço de mercado em cada data de relato) será o referencial de valorização.

Expondo, para já, apenas estas definições, ilustremos em seguida a sua aplicação no plano da valorimetria dos ativos a partir de dois exemplos: um relativo a ativos biológicos de consumo (doravante, por comodidade, designados por «ABC»), outro a ativos biológicos de produção (doravante, por comodidade, «ABP»).

Antes de apresentar tais exemplos, note-se que a NCRF 17 expressa o que se deve entender por ambos os tipos de ativos biológicos. Assim, o § 37 estabelece:

> 37 — Os ativos biológicos consumíveis são os que estejam para ser colhidos como produto agrícola ou vendidos como ativos biológicos. Exemplos de ativos biológicos consumíveis são o gado destinado à produção de carne, gado detido para venda, peixe em aquacultura, colheitas tal como milho e trigo e árvores que estejam em desenvolvimento para obtenção de madeiras. Os ativos biológicos de produção são os que não sejam ativos biológicos consumíveis; por exemplo, gado do qual pode ser obtido leite, vinhas, árvores de fruto e árvores a partir das quais se obtenha lenha por desbaste enquanto essas árvores permanecem vivas.

Admita-se, por mera hipótese simplificadora, que uma certa entidade do setor da suinicultura efetuou as seguintes operações:

i) Relativas a ABC:

Adquiriu 100 leitões, em dezembro de 2020, ao preço unitário de 5 €.

Vendeu esses 100 leitões em fevereiro de 2021, ao preço unitário de 7 €.

ii) Relativas a ABP:

Adquiriu 100 porcas reprodutoras, ao preço unitário de 200 €, em agosto de 2020.

Em outubro de 2020 nasceram 500 leitões, valorizados a 3 €. O justo valor (preço de mercado de ativos comparáveis) em 31 de dezembro, destes leitões era de 4 €.

Em abril de 2021, esses leitões foram vendidos como porcos para abate e consumo, por 40 € por unidade.

Voltaremos adiante a este exemplo para dilucidar algumas questões relativas a compras, consumos, variações da produção, variações de justo valor, e outros aspetos relevantes no registo contabilístico destas operações. Para já, vejamos que, mesmo após a existência normativa do SNC, os manuais da especialidade apresentam um tratamento díspar, e gerador de alguma incerteza aplicacional, sobre esta temática.

A ausência de tratamento contabilístico explícito para os ativos biológicos que se verificava no POC, a diferença de registos entre as operações envolvendo ABC e ABP, e as questões atinentes ao justo valor, constituem razões atendíveis para que se admitam lacunas ou imprecisões na contabilização dos ativos biológicos, em especial pouco tempo passado após a introdução do SNC.

As empresas que se dedicam às atividades que temos vindo a referir, que envolvem ABP e ABC, não escapam a esta complexidade que, como adiante se evidenciará, tem implicações nas margens apuradas. Analisemos então o que recomendam alguns manuais da especialidade sobre a contabilização de ABP e ABC.

João Gomes e Jorge Pires[3] ao ilustrarem a contabilização de ABP, admitem como exemplo a compra de um rebanho composto por 2000 ovelhas ao preço unitário de 70 €, e de 100 carneiros ao preço unitário de 200 €. O valor total na data de aquisição será de: *2000 x 70€ + 100 x 200€ = 160 000€.*

Os registos que os autores apresentam são os seguintes (Quadro 1):

[3] Ver J. Gomes e J. Pires, *SNC – Teoria e Prática*, Porto, Ed. Vida Económica, 2010, em especial cap. 17, p. 482-485, caso n.º 1.

QUADRO 1
EXEMPLO DE CONTABILIZAÇÃO DE ATIVOS BIOLÓGICOS

Registo	Conta SNC	Descrição	Débito	Crédito
1	31.3	Compras de ABP	160 000	
	12	Depósitos à ordem		160 000
2	61.3	ABP- Compras/Consumos	160 000	
	31.3	Compras de ABP		160 000
3	37.21	Ativos biológicos-animais de produção	160 000	
	73.4	Variação nos inventários da produção		160 000

Para este mesmo exemplo, caso no momento da compra das ovelhas exista um mercado onde ativos biológicos idênticos sejam comercializados por 75 €, haverá, no registo ou reconhecimento contabilístico inicial dos ABP, um ganho de justo valor de *2000 x (75-70) =10 000€.*

Ou seja, o que a empresa comprou por 70 € tem um preço de mercado de 75 € (justo valor) e esse ganho (não realizado, mas potencial) deve ser registado em resultados, como ganho de justo valor. O registo a fazer seria (Quadro 2):

QUADRO 2
EXEMPLO DE CONTABILIZAÇÃO DE ATIVOS BIOLÓGICOS

Conta SNC	Descrição	Débito	Crédito
37.21	Ativos biológicos-animais de produção	10 000	
77.4	Ganhos por aumento de justo valor em ABP		10 000

Como traduzir os registos constantes dos Quadros 1 e 2 numa linguagem comum?

O registo 1 (quadro 1) mostra a compra dos bens por contrapartida da saída de dinheiro. O registo 2 mostra que, em simultâneo, se anula o saldo de compras (conta que foi debitada no registo 1 e creditada no registo 2) por contrapartida de consumos (conta 61.3). Ou seja, define-se que o consumo do ativo biológico (ou a efetivação do gasto) se dá nesse mesmo momento. O registo 3 evidencia o inventário (ou as existências) de ABP (na conta 37.2) por contrapartida de uma variação nos inventários de produção (na conta 73.4).

Por fim, o Quadro 2 mostra que o diferencial entre o preço de compra (70 €) e o preço de mercado corrente (75 €) será um ganho (meramente potencial) de justo valor que afeta os resultados do exercício, por que reconhecido numa conta da classe 7 – «Rendimentos», mais precisamente na conta 77 – «Ganhos de justo valor».

Vejamos como um outro manual, da autoria de Carlos Nabais e Francisco Nabais[4], apresenta os registos de uma operação semelhante, com ABP:

QUADRO 3
EXEMPLO DE CONTABILIZAÇÃO DE ATIVOS BIOLÓGICOS

Registo	Conta SNC	Descrição	Débito	Crédito
1	31.3	Compras de ABP	160 000	
	12	Depósitos à ordem		160 000
2	37.2	Ativos biológicos-animais de produção	160 000	
	31.3	Transferência de Compras de ABP		160 000

Para estes autores, a conta 73 – «Variação de inventários», só no final do ano seria movimentada, por comparação entre o saldo inicial e o saldo final dos ativos biológicos. Isto é, a conta 61 – «Custo das mercadorias vendidas e das matérias consumidas» (consumos de AB) só surgirá aquando da venda dos AB. Pois só então haverá que balancear os rendimentos (conta 71 – «Vendas») com os gastos (conta 61.3 – «Consumos de AB»).

Estes mesmos autores entendem que, em ABC, a contrapartida da conta 31 – «Compras» será a conta 37.1 – «Ativos biológicos consumíveis» (Quadro 4).

QUADRO 4
EXEMPLO DE CONTABILIZAÇÃO DE ATIVOS BIOLÓGICOS

Registo	Conta SNC	Descrição	Débito	Crédito
1	31.3	Compras de ABC	160 000	
	12	Depósitos à ordem		160 000
2	37.11	Ativos biológicos-animais de consumo	160 000	
	31.3	Transferência de Compras de ABC		160 000

[4] Ver C. Nabais e F. Nabais, *Prática Contabilística*, Lisboa., Ed. Lidel, 2016, p. 237 e segs, em especial p. 239.

No Quadro 4 a saída de dinheiro (crédito da conta 12 — «Depósitos à ordem») por contrapartida de «Compras de ABC», não dá lugar a qualquer registo de consumo imediato, mas apenas origina um facto patrimonial permutativo: a substituição de dinheiro (saída de um ativo) por ABC (entrada de um outro ativo), que se regista na conta 37.1 — «Ativos biológicos-animais de consumo». Apenas se altera a composição ativo, não se gerando por isso nem rendimentos nem gastos.

A conta 37.1, integrando os inventários ou existências, serve para acolher a «transformação» de dinheiro em ABC que os registos do quadro 4 operam.

Por fim, e divergindo em certa parte dos manuais já citados, temos a obra da autoria de Isabel Cruz, Susana Jorge e Liliana Pimentel[5], que propõe o seguinte tratamento para o caso hipotético que abaixo se descreve.

Admita-se que uma certa entidade efetuou as seguintes operações:

— janeiro do ano *N*: aquisição de 1000 porcas reprodutoras, cada uma por 10 €;
— o preço de mercado das reprodutoras, na data da aquisição, era de 9 €;
— o preço de mercado das reprodutoras, em 31 de dezembro do ano N, era de 9 €;
— em novembro do ano N nasceram 2000 leitões, cada um valorizado em 2 €.

As citadas autoras sustentam a seguinte contabilização de ABP:

Na primeira operação — de compra de ABP — *creditar-se-iam depósitos à ordem (saída de dinheiro de 1000 x 10 = 10 000) por contrapartida direta de 37.2 — Ativos biológicos de produção.* O registo não passa por compras (conta 31) nem por consumos de AB (conta 61).

Na segunda situação, verifica-se, no reconhecimento inicial do ativo, uma perda de justo valor (pagou-se 10 € por algo cujo preço normal de mercado é 9 €). Assim, *debitar-se-ia a conta 66.4 — «Perdas de justo valor em ABP» por 1000 x 1 = 1000, e creditar-se-ia a conta 37.2 para reduzir o valor do ativo de 10 000 € para 9000 €.*

Aquando do fecho de contas, não há, nas ditas reprodutoras, alteração do justo valor. Continuam a valer 9 €.

O nascimento dos leitões deve registar-se *debitando a conta 37.1. — «Ativos biológicos de consumo», (por 2000 x 2 = 4000€) e creditando a conta 73.4 — «Variação nos inventários da produção».*

Acrescentamos nós que, se entre o nascimento dos leitões e a data de 31 de dezembro o valor de cada um aumentar de 2 € para 4 €, deve debitar-se a conta 37.1 e creditar-se um aumento de justo valor na conta 77.4.

---

[5] I. Cruz, S. Jorge e L. Pimentel, *Aplicações de Contabilidade Financeira*, Coimbra, Almedina, 2019, p. 158, caso 2.26.

Esta última operação traduzirá uma variação monetária do preço dos leitões e não uma variação física do seu número, que se admite constante em 31 de dezembro e igual a 2000 unidades.

De salientar, ainda, que as mencionadas autoras, ao comentarem o registo do nascimento dos leitões afirmam: «quando nasce um novo ativo biológico, o que verdadeiramente ocorre é a "produção" de um novo ativo, em resultado do processo produtivo... Existem, contudo, outros autores que consideram que a conta a creditar é a 77.4 — «ganhos de justo valor», com o que não concordamos, uma vez que não estamos na presença de uma efetiva variação de valor, mas antes do registo de um novo ativo».

Aqui chegados, e com base nos manuais citados — cuja variabilidade de soluções contabilísticas acerca de ABP e ABC se poderia estender a outros autores[6] — por que surge esta diversidade de tratamento que a contabilidade empresarial dedica aos ABP e ABC e que atrás deixámos explicitada?

A nosso ver, e em primeiro lugar, porque o POC era omisso sobre ABC e ABP, o que implicou uma falta de tradição contabilística quanto a estes ativos tão específicos. Em segundo lugar, porque nem a NCRF 17, nem o Plano de contas e as Notas Explicativas do SNC[7] são claros e explícitos sobre os *procedimentos de registo* a considerar. (A NCRF 17 *tem como ponto central o justo valor*, não a forma de contabilização).

Daí que cada autor sustente o que entende ser a forma mais apropriada de registo das operações económicas ou das transações envolvendo ABC e ABP. E, como não surpreende, cada empresa enfrente uma dose apreciável de incerteza sobre qual a melhor opção de registo dos ativos biológicos e respetivas vendas, compras, consumos, alterações de quantidade, alterações de preço e variações da produção.

Vista a complexidade e a incerteza contabilística que a Lei (SNC e NCRF 17) geraram, e alguma diversidade de tratamento doutrinal, voltemos ao caso hipotético antes apresentado.

Sejam então consideradas as seguintes operações, efetuadas por uma entidade do setor da suinicultura:

i) Relativas a ABC

Adquiriu 100 leitões, em dezembro de 2020, ao preço unitário de 5 €, pagos a pronto.

---

[6] Ver, por exemplo, R. Almeida, A. Dias e F. Carvalho, *SNC Explicado*, Lisboa, ATF, p. 198.

[7] Ver Portaria n.º 1011/2009, de 9 de Setembro, onde constam tais Notas.

Vendeu tais leitões em fevereiro de 2021, ao preço unitário de 7 €, recebidos a pronto.

Qual a nossa análise quanto ao que sustentamos como sendo a solução contabilística apropriada? Vejamos.

Na aquisição, em dezembro de 2020:

Debitar 31.3 — «Compras de ABC» (no valor de 500 = 100 x 5) por contrapartida de 12 — «Depósitos à ordem» (saída de dinheiro).

Creditar 31.3 — «Compras de ABC» no valor de 500, por contrapartida de 37.1 — «Ativos biológicos de consumo». Assim, no final, com a conta Compras saldada, o dinheiro gasto implicou um aumento de um outro ativo (biológico) na conta 37.1.

Em dezembro de 2020, entendemos que não há lugar ao registo de Consumo (conta 61) dos ativos, pois que a entidade ainda os detém em inventários. Só no exercício da venda tal consumo se deverá apurar, para então balancear rendimentos com os gastos correspondentes.

(Note-se, de todo o modo, que a conta 61 — «Consumos», não engloba apenas o consumo (na subconta 61.3) ou o uso de ABC e ABP no processo de desenvolvimento do negócio de ABP e ABC. Engloba, também, consumo de matérias (subconta 61.2), como sejam as farinhas, as rações e outras. Com efeito, no plano de contas do SNC, a dita conta 61 tem o seguinte desdobramento:

61.1 — «Mercadorias»; 61.2 — «Matérias-primas, subsidiárias e de consumo»; 61.3 — «Ativos biológicos).

Na venda, em fevereiro de 2021:

Creditar a conta 71.4 — «Vendas de ABC», no montante de *700 = (100 x 7)* por contrapartida de 12 — «Depósitos à ordem», pelo recebimento.

Debitar a conta 61.3 – «Consumo de ativos biológicos», no valor de 500, por contrapartida de um crédito na conta 37.1. A conta 37.1 (relativa a «inventários») fica agora com saldo nulo, pois fora debitada na aquisição. O inventário, ou *stock*, foi agora vendido.

A diferença entre 700 e 500 é a margem global da operação. Não o lucro, pois a esta margem têm de subtrair-se outros consumos (*e.g.*, rações, na conta 61.2), fornecimentos e serviços externos (conta 62) tais como energia, água, serviços especializados, seguros, etc., bem como gastos com pessoal (conta 63) e assim por diante. A verdadeira lucratividade desta operação não se mede por uma margem bruta, mas sim por um lucro líquido, imputando ao proveito (rendimento) todos os custos (gastos) incorridos para o obter.

Continuemos com o exemplo.

i) Relativas a ABP

Adquiriu 100 porcas reprodutoras, ao preço unitário de 200 €, em agosto de 2020.

Em outubro de 2020 nasceram 500 leitões, valorizados a 3 €.

Em abril de 2021, esses leitões foram vendidos como porcos para abate e consumo, por 40 € por unidade.

Na aquisição, em agosto de 2020:

Debitar a conta 37.2 — «Ativos biológicos de produção» por contrapartida da conta 12 — «Depósitos à ordem», (pode, alternativamente, por motivos de melhor controlo de gestão/compras, fazer-se passar a aquisição pela conta 31.3 — «Compras», mas debitando-a e creditando-a de tal forma que fique saldada e o valor surja, no final, na conta 37.2.

Aquando do nascimento dos leitões, seguimos, quanto ao registo, a perspetiva de Isabel Cruz *et al.*, antes expressa. Assim debitar-se-ia a conta 37.1 — «Ativos biológicos de consumo» e creditar-se-ia a conta 73.4 — «Variações nos inventários da produção»: ativos biológicos.

Aquando da venda dos porcos para abate, anula-se (creditando-a agora) a conta 37.1 (pois o ativo é alienado) por contrapartida da conta 61.3 — «Consumo de ativos biológicos», pois estes ativos biológicos foram agora «consumidos», absorvidos ou gastos no processo económico da empresa.

Ao mesmo tempo, regista-se a venda creditando a conta 71.4 — «Vendas de ativos biológicos», por contrapartida do recebimento, levando este à conta 12 — «Depósitos à ordem».

2.1.2. Os procedimentos contabilísticos e seu impacto na margem utilizada

Num dos RIT a que tivemos acesso para elaborar este escrito, e no âmbito da aplicação de métodos indiretos, afirma-se:

> Contabilisticamente, e no caso dos ativos biológicos de consumo (ABC), a valorização do inventário é feita ao justo valor, com a contabilização na conta 77, que pretende compensar o valor dos gastos suportados durante o ano com a valorização destes ABC, que estão registados na conta 61. Este procedimento é feito (...) pelos operadores económicos que exercem atividades agrícolas e outras que têm ativos biológicos de consumo. Mesmo sabendo que há empresas que não

> utilizam a conta 77 — ajustamentos por aplicação do justo valor, mas utilizam a conta de variação da produção ou trabalhos para a própria empresa, não altera a comparabilidade dos rácios dado que nenhuma destas contas é utilizada na fórmula de cálculo da margem bruta.

E acrescenta-se ainda:

> Só a compra dos leitões e dos suínos é registada na conta 31 que influencia o cálculo da conta 61. A compra de reprodutoras e varrascos, ativos biológicos de produção, é registada na conta 37 que não influencia o cálculo do CMVMC.
>
> Aquando da compra destes animais, que se destinam a engorda e revenda, o registo é feito na conta 31, à semelhança do que foi feito para todas as compras de leitões e suínos que o sujeito passivo.

No contexto das incertezas e dúvidas que a contabilização de ABC e ABP suscitam, e que ilustramos no ponto anterior, não será invulgar (antes pelo contrário) que as contas 31 — «Compras», 61.3 — «Consumos de AB», 73 — «Variação da produção», 74 — «Trabalhos para a própria empresa» e 77 — «Ganhos de justo valor» apresentem disparidades, e que diferentes entidades usem contas diversas para registar operações ou realidades económicas semelhantes. A própria AT, no trecho antes citado, o reconhece.

Sendo assim, se existirem valores substanciais em 77 — «Ganhos de justo valor», tal deve, a nosso ver, levar a inspeção fiscal a interrogar-se sobre a razão de ser dessas quantias avultadas, no contexto do volume de rendimentos totais dos sujeitos passivos, e o que elas realmente representam. Note-se que, como acima se transcreveu, é a própria inspeção a reconhecer que: «a valorização do inventário é feita ao justo valor, com a contabilização na conta 77, que pretende compensar o valor dos gastos suportados durante o ano com a valorização destes ABC, que estão registados na conta 61».

Reconhece-se uma relação entre a conta 61 — «Consumos» (que afeta a margem designada por MB II) e a conta 77 — «Ganhos de justo valor» (que não influi no cálculo de MB II). Daqui decorrendo uma incongruência — que pode ter efeitos quantitativos apreciáveis — na definição da margem e no seu apuramento.

Não é incomum que se verifiquem compras de ativos biológicos que influenciaram a conta 61 — «Consumos de AB» (integrando os gastos) e a conta 77 — «Ganhos de Justo valor» (incluída nos rendimentos). Ora, afetando a conta 61, tais gastos reconhecidos influenciaram a margem MB II. Esta é, como se referiu, usualmente utilizada quer como um dos fundamentos para o uso de métodos indiretos, quer para (re)quantificação da matéria tributável. Dada a relevância desta margem, o seu apuramento tem de levar em conta as particularidades da exploração — e respetiva contabilização — dos sujeitos passivos que usam ABP e ABC.

A margem usada (MB II) engloba os «consumos» (conta 61) e «fornecimentos e serviços externos» (conta 62). Porém, caso olvide alterações de justo valor, ou modificações adicionais registadas em outras contas (*v.g.*, variação de produção, trabalhos para a própria empresa), evidencia essa margem um cálculo incongruente.

A margem só é apropriada se aos gastos registados corresponderem os rendimentos que com eles estão correlacionados.

Alega por vezes a AT que, utilizando-se o mesmo critério para todas as empresas no apuramento de MB II, as margens recalculadas com a introdução de variações de justo valor e outros rendimentos e gastos acima mencionados estariam, elas sim, desajustadas.

Contudo, e como já se mostrou, a administração conhece que o reflexo da conta 61 (tipicamente a principal conta da classe 6 — «Gastos») nos setores que detêm ABC e ABP tanto pode ser na conta 71 — «Vendas», como na conta 77 — «Variações de justo valor», como na conta 73 — «Variação da produção», como até na conta 74 — «Trabalhos para a própria empresa». Todas elas, como se sabe, integrando a classe 7 — «Rendimentos» como componente positiva do Resultado Líquido.

Ora se a margem (MB II) evidencia, na parte subtrativa, influenciando-a negativamente, a conta 61 — Consumos e a conta 62 — Fornecimentos e serviços externos, então deverá conter, na parte aditiva, influenciando-a positivamente, tudo o que com estas contas se relacione, *maxime* a variação da produção e os ganhos de justo valor.

A Figura 1 ilustra o procedimento que consiste em levar apenas em conta Vendas e Serviços prestados, e compara-o com o que julgamos mais consistente ao incluir na Margem rendimentos registados nas contas 73, 74 e 77, que, concretamente, estão relacionados com tais gastos.

FIGURA 1

A RELAÇÃO ENTRE GASTOS E RENDIMENTOS A CONSIDERAR

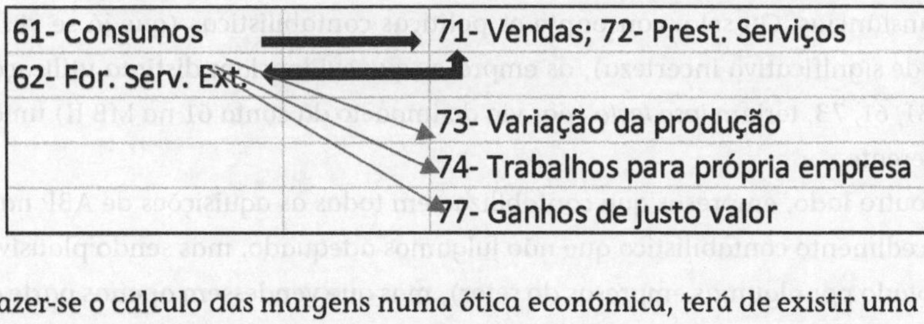

Ao refazer-se o cálculo das margens numa ótica económica, terá de existir uma relação algébrica coerente entre gastos que se designam como essenciais ou primários (conta

61 e conta 62) e os rendimentos a eles associados (vendas, variação da produção, e alterações de justo valor).

As margens usualmente apuradas pelos serviços de inspeção (para mais no contexto de um setor no qual as contas 73 — «Variação da produção», 74 — «Trabalhos para a própria empresa» e 77 — «Ganhos de justo valor» se relacionam com gastos registados nas contas 61 e 62) apresentam uma relação incongruente entre gastos e rendimentos que diminui a respetiva coerência quantitativa.

Dir-se-ia até que entre a margem (MB II), e um segundo tipo de margem que defendemos como mais apropriado, incluindo no lado dos rendimentos não só as vendas, mas outras componentes de rendimentos operacionais ou «primários» (*e.g.*, a variação da produção), é ainda defensável um terceiro tipo de margem (contendo todos os rendimentos operacionais e todos os gastos operacionais) a qual deve ser perspetivada como economicamente desejável.

O que julgamos nítido é o facto de a margem MB II se revelar insuficiente para captar a especificidade económica e contabilística destes setores, em face do relevo dos ABC e ABP que integram os seus ativos. Sobretudo quando a NCRF 17 — «Agricultura» impõe o justo valor como método regra de valorização de ativos biológicos, e a dita MB II exclui as suas variações.

Existem outras razões que conduzem a questionar sobre a adequação da fórmula que subjaz ao cálculo de MB II. Uma primeira deriva do facto de as empresas que usem elevadas quantias de ABP e ABC serem titulares de diversas proporções de cada um deste tipo de ativos biológicos. Como antes se mostrou, as regras de contabilização destes diversos ativos biológicos não são idênticas.

A passagem dos seus valores pelas contas 61, 37 ou 77 obedece a critérios distintos. Assim, algum trabalho analítico deverá ser efetuado aquando do apuramento das margens a partir de amostras setoriais.

A margem MB II, tal como apurada pela AT, coloca as empresas em desigualdade de circunstâncias. Ou seja, consoante as políticas contabilísticas (que já se viu enfermarem de significativa incerteza), as empresas que evidenciam distinta utilização das contas 31, 61, 73, teriam *ipso facto* (por via do impacto da conta 61 na MB II) uma margem diferente.

Por outro lado, empresas que contabilizassem todas as aquisições de ABP na conta 61 (procedimento contabilístico que não julgamos adequado, mas sendo plausível que seja adotado por algumas empresas do setor), mas que vendessem apenas parte dessas aquisições e registassem a parte restante em variação da produção, veriam também, *ipso facto*, os consumos sobrevalorizados e os rendimentos subvalorizados, pois a MB II desconsidera a variação de produção.

Além disso, integrando a conta 61 consumos de outras matérias (nas contas 61.1 e 61.2, como já antes dissemos) a variação de justo valor e a variação de produção têm uma conexão com o consumo de rações para animais e outros *inputs*, que a fórmula também não considera. Por exemplo, uma exploração que adquira ABC em setembro do ano N e os alimente e detenha até dezembro, terá gastos (*e.g.*, de rações) na conta 61.2, mas não terá feito vendas (que só surgirão em N+1) e sim registado variações de justo valor. Ora o consumo surge na fórmula MB II, mas já não a variação de justo valor ocorrida entre setembro e dezembro de N.

Assim, consideramos que, ao invés da simples extração de uma margem (MB II) que se aplicaria numericamente a qualquer setor (*e.g.* suinicultura, cerâmica, plásticos) se deveriam ter levado em conta as particularidades de registo contabilístico da suinicultura que antes se ilustraram.

3. Conclusão

Os indicadores que representam margens brutas das empresas constituem elementos por vezes importantes na fundamentação efetuada pela inspeção tributária para a utilização de métodos indiciários. Ao mesmo tempo, são usualmente erigidos em critérios de determinação ou quantificação da matéria tributável por via de métodos indiretos.

No contexto das dúvidas que a contabilização de ativos biológicos suscita, não será invulgar que as contas 31 — «Compras», 61.3 — «Consumos de AB», 73 — «Variação da produção», 74 — «Trabalhos para a própria empresa» e 77 — «Ganhos de justo valor» apresentem disparidades, e que diferentes entidades usem contas diversas para registar operações ou realidades económicas semelhantes.

Sendo assim, se existirem valores substanciais em 77 — «Ganhos de justo valor», tal deveria conduzir a inspeção fiscal a interrogar-se sobre a razão de ser dessas quantias e o que elas realmente representam. A margem por vezes usada (dita «MB II») engloba os consumos e os fornecimentos e serviços externos. Porém, caso ignore alterações de justo valor, ou modificações adicionais registadas em outras contas (*v.g.*, variação de produção, trabalhos para a própria empresa), evidencia essa margem um cálculo incongruente.

Ora se essa margem evidencia, na parte subtrativa, a conta 61 — «Consumos» e a conta 62 — «Fornecimentos e serviços externos», então deverá conter, na parte aditiva tudo o que com estas contas se relacione, *maxime* os ganhos de justo valor.

Os Acordos Prévios sobre Preços de Transferência: uma ferramenta fiscal pouco utilizada?

Francisca Duarte[1]
António Martins

1. Introdução

O crescente número de empresas multinacionais (EMN), que se organizam sob a forma de grupos, induz o aumento de transações entre partes relacionadas. Através dos preços de transferência (PT), as EMN podem transferir os seus lucros de uma jurisdição com elevada de taxa de tributação para outra com menor taxa de imposto (OCDE, 2022). Perante este risco, as administrações fiscais (AT) têm dedicado especial atenção aos PT, levando a cabo auditorias para verificar se os preços praticados pelas EMN, relativamente às transações com partes relacionadas, estão ou não de acordo com o disposto na legislação tributária que regula os PT (Martins et al, 2020; Ioana, 2017).

Deste modo, as entidades empresariais estão sujeitas a possíveis ajustamentos de PT, o que pode conduzir à dupla tributação de resultados no seio de um grupo. A fim de evitar o risco deste tipo de ajustes, as empresas podem solicitar Acordos Prévios sobre Preços de Transferência (APPT). Estes acordos fixam o modo como o preço de uma transação entre partes relacionadas deverá ser determinado e, no período em que vigoram, eliminam o risco fiscal (em sede de PT) associado a essas transações.

Todavia, quando se procuram elementos quantitativos sobre o número de tais acordos, deparamo-nos com um panorama relativamente ao qual a vantagem assinalável dos APPT (certeza quanto a um regime fiscal previamente acordado com a administração tributária) não parece induzir um elevado número de acordos prévios.

---

[1] Estudante do Mestrado em Contabilidade e Finanças, FEUC.

Segundo Carreira (2021), a 31 de dezembro de 2020 estavam em vigor em Portugal 12 APPTs. Um número bastante reduzido, face ao universo de empresas (integrantes de grupos) que têm relações com partes vinculadas. Estavam, ainda, em negociação 21 APPTs.

Atendendo a que, por consulta ao site da AT[2] se pode verificar que, em 2020, existiram 4765 «Declarações Modelo 22» de grupos de sociedades, o número de APPT é, de facto, pouco significativo.

2. O conceito de Acordos Fiscais e de APPT

A conjuntura económica mundial tem sido particularmente complexa, o que influencia a atividade das empresas. Estas são, pois, levadas a reestruturar as respetivas atividades e os modelos de negócio, a buscar novos mercados, a inovar e a apostar em recursos que lhes permitam obter maior competitividade. Ao mesmo tempo, crescem as necessidades financeiras dos Estados. Neste contexto, as administrações fiscais procuram aumentar a cobrança. Uma das vias assenta no aumento das inspeções, nomeadamente sobre os PT, e do reforço dos instrumentos de combate ao planeamento fiscal agressivo.

A possibilidade de celebração de acordos fiscais (*tax rulings*) entre as AT e as empresas, que se podem consubstanciar em acordos fiscais prévios (*advance tax rulings*) e acordos prévios sobre preços de transferência (*advance price agreements*), têm como objetivo incrementar a certeza nas relações entre os contribuintes e a autoridades tributárias. Buscando, assim, atrair investimentos, criar emprego, e aumentar os rendimentos tributáveis.

Importa, neste contexto, definir o conceito de Acordos Fiscais Prévios (*Advance Tax Rulings*). Na definição do Parlamento Europeu, um Acordo Fiscal Prévio consiste numa «declaração fornecida pelas administrações fiscais, ou um conselho independente, sobre o tratamento fiscal de um contribuinte em relação às suas transações futuras e na qual ele tem o direito de se basear» (European Parliament, 2015, p. 28).

Estes acordos iniciam-se com um pedido dirigido pelo contribuinte à administração fiscal e consideram-se especialmente úteis em situações em que a legislação aplicável é complexa, estando sujeita a interpretação de larga amplitude. Tais acordos podem ser aplicados apenas a uma transação ou a várias (Markham, 2012; Ylönen, 2022).

Os Acordos Fiscais Prévios constituem uma ferramenta importante de gestão fiscal. Eles proporcionam segurança e certeza jurídica às empresas, constituindo um incentivo

---

[2] Ver https://www.portaldasfinancas.gov.pt/at/html/index.html.

ao investimento e ao cumprimento das obrigações tributárias. Para além disso, a publicação destes acordos e a troca de informações entre os Estados é deveras importante para o combate à concorrência fiscal prejudicial.

No ordenamento jurídico português, os Acordos Fiscais Prévios correspondem, em geral[3], ao que é comummente conhecido como Informações Vinculativas. Estas são reguladas pelo artigo 68.º da Lei Geral Tributária. O caráter vinculativo, para a administração tributária, da informação prestada está estabelecido no n.º 14 do artigo 68.º da Lei Geral Tributária — «a administração tributária, em relação ao objeto do pedido, não pode posteriormente proceder em sentido diverso da informação prestada, salvo em cumprimento de decisão judicial».

Associado aos conceitos anteriormente mencionados, surge o de Acordos Prévios sobre Preços de Transferência. Segundo a definição da OCDE, um Acordo Prévio sobre Preços de Transferência (*Advance Pricing Arrangement*) consiste num «acordo que fixa, previamente às operações vinculadas, um conjunto de critérios adequados (...) na determinação dos preços de transferência aplicados a essas operações no decurso de um determinado período de tempo» (OECD, 2022, p. 19).

No caso português, a definição do conceito de APPT encontra-se consagrada no n.º 1 do artigo 138.º do CIRC. Nessa formulação, um APPT consiste num «acordo que tenha por objeto estabelecer, com caráter prévio, o método ou métodos suscetíveis de assegurar a determinação dos termos e condições que seriam normalmente acordados, aceites ou praticados entre entidades independentes nas operações comerciais e financeiras, (...) efetuadas com entidades com as quais estejam em situação de relações especiais».

De destacar, ainda, que segundo o artigo 1.º da Portaria n.º 267/2021, de 26 de novembro, o Acordo destina-se a garantir, a dado um sujeito passivo, a aceitação pela administração fiscal do método para a determinação dos PT usados em operações vinculadas, em conformidade com o princípio de plena concorrência, para um determinado período.

---

[3] Dizemos «em geral», porque, como é sabido, o artigo 37.º da LGT cria outra figura através da qual se podem realizar acordos fiscais entre o Estado e os contribuintes. Nomeadamente, que se traduzam em benefícios fiscais a certos investimentos de grande envergadura.

*«**Contratos fiscais***

1 – Caso os benefícios fiscais sejam constituídos por contrato fiscal, a tributação depende da sua caducidade ou resolução nos termos previstos na lei.

2 – A lei pode prever que outros contratos sejam celebrados entre a Administração e o contribuinte, sempre com respeito pelos princípios da legalidade, da igualdade, da boa-fé e da indisponibilidade do crédito tributário.»

Uma das características chave de um APPT é o facto de se tratar de um acordo fiscal discricionário e confidencial, que é negociado entre uma EMN e uma, ou mais, administrações fiscais (Eden & Byrnes, 2018).

Este acordo pode ter configuração variável, dependendo do número de administrações tributárias que estão envolvidas. Um APPT unilateral é celebrado entre um contribuinte e a administração fiscal do respetivo país. Os APPT bilaterais e multilaterais, para além do acordo estabelecido entre o sujeito passivo e a administração fiscal, envolvem um outro acordo entre duas ou mais administrações fiscais, respetivamente (OECD, 2022). Os APPT multilaterais são considerados preferíveis, face aos outros dois tipos de APPT, dado que os últimos não impedem que os PT unilateralmente acordados possam ser questionados por outras jurisdições fiscais afetadas (Valente, 2020).

No ordenamento jurídico português, é de realçar, como se estabelece na Portaria n.º 267/2021, de 26 de novembro, que os APPT bilaterais e multilaterais só podem ser celebrados com os Estados com os quais Portugal negociou uma convenção destinada a evitar a dupla tributação que contenha uma disposição relativa ao procedimento amigável.

O Procedimento Amigável (*Mutual Agreement Procedure* [MAP]) é o mecanismo através do qual os Estados (que estabeleceram um acordo de dupla tributação internacional) se comprometem a solucionar, através de acordo mútuo (de forma amigável), eventuais diferenças ou dificuldades que venham a surgir aquando da interpretação, aplicação ou integração prática do documento do qual são signatários.

A OCDE distingue os APPT dos simples acordos fiscais, afirmando que os APPT diferem do procedimento de decisão clássico porque exigem «a revisão detalhada e, na medida do apropriado, a verificação das suposições factuais nas quais se baseia a determinação das consequências jurídicas, antes que tais determinações possam ser feitas» (OECD, 2010, p. 336). Para além disso, refere-se ainda que os APPT requerem um controlo contínuo dos PT utilizados nas transações, no sentido de averiguar se as suposições factuais permanecem válidas ao longo do período de vigência do APPT.

Como se referiu, tanto os acordos prévios, em sentido geral, como os APPT, comungam de um objetivo comum, que é o de trazer segurança e certeza jurídica às transações cujo impacto tributário as administrações fiscais poderiam contestar (Ylönen, 2022).

3. A evolução dos APPT: nota histórica

Antes de procedermos à descrição do processo de celebração de um Acordo Prévio sobre Preços de Transferência, importa proceder ao seu enquadramento, de forma a compreender a evolução deste mecanismo ao longo dos anos, bem como o contexto atual.

Nem sempre os PT refletem os preços de mercado. Isso conduz, por vezes, a uma distorção das receitas fiscais obtidas pelos Estados onde as empresas se encontram localizadas. Para minorar essas distorções, e tendo por base o Princípio de Plena Concorrência, é necessário que os PT sejam corrigidos e os lucros das empresas sejam ajustados. A fim de evitar a insegurança jurídica e a incerteza económica sobre o montante de imposto a pagar, certas empresas optam por realizar APPT com as administrações fiscais (OCDE, 2014).

Assim, é possível estabelecer, previamente às operações vinculadas, um conjunto de critérios para a determinação dos PT relativos a algumas transações, durante um certo período de tempo.

Foi apenas na década iniciada em 2010 que os APPT e os acordos fiscais prévios passaram, mais notoriamente, a fazer parte das discussões de política fiscal internacional. Contudo, este mecanismo surgiu muito antes, sendo a sua história longa. A título ilustrativo, refira-se que, em 1911, a Suécia emitiu o seu primeiro acordo fiscal prévio (Ylönen, 2022).

Nos anos que se seguiram à Segunda Guerra Mundial registou-se um forte crescimento do comércio internacional e dos fluxos de investimento, que resultou num aumento das disputas acerca da tributação dos lucros das empresas. Já nesta época, muitos profissionais sublinhavam que a solução para esse problema residia na introdução de acordos fiscais prévios (Ylönen, 2022).

Em 1965, a *International Fiscal Association* (IFA) discutiu a questão dos acordos fiscais prévios no seu congresso anual, considerando a falta de legislação neste âmbito uma considerável fraqueza da fiscalidade internacional. A organização fez um apelo às administrações para que estabelecessem acordos fiscais vinculativos, o que veio a constituir um dos principais impulsionadores do regime dos acordos fiscais prévios (Romano, 2002).

Foi neste contexto que surgiu o sistema de acordos iniciado na Holanda, cujo objetivo primordial foi minorar os receios dos investidores, quanto a contingências fiscais dificilmente previsíveis. O sistema de acordos criado na Holanda abordou um grande número de questões, nomeadamente PT e, desde a sua introdução, foi alvo de vários esforços de harmonização, por meio de atos administrativos e mudanças legais. Esforços esses que levaram, em 1970, à centralização das atividades relacionadas com este mecanismo num só local, conhecido por *Tax Office for Large Enterprises*, pondo fim à prática de empresas que procuravam acordos junto de várias entidades fiscais para chegar à solução mais vantajosa (Romano, 2002).

Nos anos que se seguiram, vários países seguiram o exemplo holandês. Nos Estados Unidos, os sistemas de acordo começaram na década de 1950, e os pedidos das empresas aumentaram consideravelmente nas décadas de 1970 e 1980. Na década de 1980, a General Motors procurou acordos escritos em vários países europeus, solicitando que respeitassem o modelo de preços da empresa, dos quais 16 dos 17 Estados entraram em acordos unilaterais com esta EMN (Ylönen, 2022).

A formalização dos APPT bilaterais começou em 1986, quando a administração tributária dos Estados Unidos aplicou um processo de resolução prévio para questões de PT, com vista à redução da controvérsia decorrente de vários casos. O *Internal Revenue Service* (IRS) e o *Australian Tax Office* desenvolveram uma abordagem de acordos bilaterais. No início da década de 1990, os Estados Unidos anunciaram modelo do *IRS revenue procedure* para a determinação dos acordos prévios, abrindo a possibilidade de negociação de acordos multilaterais. Em 1987, foi concedido o direito ao *IRS* de cobrar taxas aos utilizadores dos seus serviços e, em 1996, este introduziu oficialmente no *revenue procedure* o processo de acordo prévio sobre preços de transferência (Ylönen, 2022; Markham, 2012).

O primeiro APPT bilateral foi celebrado, em 1991, entre a Apple, o *Australian Taxation Office* e o *IRS* dos Estados Unidos (Romano, 2002). Em 1999, a OCDE publicou, nas suas Diretrizes de PT, orientações acerca dos APPT, com o objetivo de os tornar mais transparentes e eficientes (Valente, 2020). Nos anos seguintes, os APPT unilaterais e bilaterais evoluíram, e tornaram-se em instrumentos usados por muitos países para resolver disputas de PT, reais e potenciais.

A 26 de fevereiro de 2007, a Comissão Europeia publicou uma Comunicação relativa às atividades do Fórum Conjunto da UE sobre os PT, tendo como principal objetivo a prevenção de conflitos e da dupla tributação, introduzindo para isso diretrizes sobre os APPT. Segundo a Comissão, os APPT apresentam vantagens consideráveis quer para as administrações fiscais, quer para os contribuintes, pois constituem instrumentos eficazes na prevenção de litígios.

As grandes empresas mundiais de consultoria foram importantes para o desenvolvimento dos APPT, ao projetar e assessorar acordos de planeamento tributário, envolvendo APPT, garantindo maior certeza na aplicação da lei fiscal (Ylönen, 2022).

Os APPT surgiram há muitas décadas. Porém, este mecanismo ganhou especial relevância nos últimos anos, devido às investigações iniciadas pela Comissão Europeia acerca destas matérias. Tal decorreu do facto de, no final de 2014, um antigo consultor ter divulgado vários documentos de APPT ao Consórcio Internacional de Jornalistas de Investigação. Foram tornados públicos 548 casos de acordos fiscais concedidos pelo Luxemburgo a grandes EMN, que levaram à erosão da base tributável e à transferência de lucros, através de operações transfronteiriças. Seguiu-se um escândalo internacional, que ficou conhecido como *LuxLeaks*. No Parlamento Europeu, esta situação levou à criação de um comité *ad hoc* sobre normas fiscais e outras medidas similares em natureza ou efeito (*Tax Rulings and Other Measures Similar in Nature or Effect* [TAXE]) e o seu comité de acompanhamento, TAXE.

Embora estes comités tivessem acesso insuficiente à informação, e muitas grandes empresas se recusassem a participar em audiências, eles permitiram aumentar a pressão para combater as práticas fiscais prejudiciais na UE (Ylönen, 2022).

Além disso, a principal e mais importante consequência do escândalo *LuxLeaks* redundou nas investigações, por parte da Comissão Europeia, sobre certas práticas de regulamentação fiscal dos Estados-membros, nomeadamente sobre os APPT. Neste contexto, concluiu-se que, muitas vezes, eram concedidos auxílios fiscais por parte dos Estados, através dos APPT. Nomeadamente, foram descobertos vários casos, como os da Apple, Starbucks, Fiat, Amazon, McDonald's, em que foram concedidas vantagens fiscais indevidas, que permitiram às empresas pagar menos impostos, ou mesmo ficarem isentas de tributação. Isto é, situações de dupla não tributação de rendimentos.

Como resultado destas situações, originou-se um conjunto de disputas e uma considerável litigância, o que implicou a acumulação de processos no Tribunal de Justiça da UE, e num interminável debate político entre os Estados-membros, as instituições da UE e países extracomunitários (Valente, 2020).

A UE e a OCDE desempenharam um papel fundamental no combate às práticas concorrenciais prejudiciais, dada a necessidade de evitar estratégias que afetem a concorrência e o comércio, de assegurar o bom funcionamento do mercado interno e o respeito pelas liberdades fundamentais dos cidadãos europeus consagradas no Tratado sobre o Funcionamento da União Europeia. Nesse âmbito, em março de 2015, a Comissão determinou que, de três em três meses, as administrações fiscais nacionais enviassem um relatório a todos os outros Estados-membros sobre os seus acordos fiscais prévios transfronteiriços e APPT emitidos.

Segundo a Comissão, a troca automática de informações sobre acordos fiscais permitirá que os Estados-membros detetem certas práticas fiscais abusivas por parte das empresas e tomem as medidas necessárias em resposta (Ylönen, 2022).

De referir que, em dezembro de 2020, a OCDE publicou novas orientações intituladas «*Guidance on the transfer pricing implications of the Covid-19*», que vieram esclarecer as condições relacionadas com a implementação de APPT na situação excecional de pandemia. Para além disso, a OCDE continuou a desenvolver novas regras para tributação empresarial ao nível internacional no seu processo «BEPS 2.0», que procura desenvolver formas de tributar o comércio digital e *online* e aborda uma taxa mínima de imposto global aplicado às empresas, melhorando a resolução de disputas e abordando os problemas relacionados com os APPT.

Atualmente, uma importante sede de discussão das práticas fiscais prejudiciais tem sido o Grupo associado ao Código de Conduta (CoC) para a Fiscalidade das Empresas. Originalmente formado em 1998, o CoC tem um mandato para avaliar as medidas fiscais das empresas que podem ser abrangidas pelo âmbito de conduta prejudicial, usando como critério para medir as práticas nocivas, nomeadamente, a transparência das mesmas. Embora este não seja um instrumento jurídico, é importante pois reflete o compromisso político dos Estados-membros. (Ylönen, 2022).

O mecanismo dos APPT evoluiu ao longo dos anos, sendo atualmente de destacar a grande variedade de APPT unilaterais, bilaterais e até multilaterais, embora estes últimos sejam menos comuns (Markham, 2012; Ylönen, 2022). A título de curiosidade, refira-se que, nos EUA, a maioria dos APPT celebrados são bilaterais e multilaterais, enquanto nos países da Europa o mais comum são os APPT unilaterais.

4. A negociação e celebração de um APPT

O procedimento de negociação e celebração de um APPT é um processo de natureza voluntária, desencadeado por um sujeito passivo. Tem em vista a resolução antecipada de eventuais questões relativas aos PT, com o objetivo de evitar problemas futuros com as administrações fiscais, através da fixação prévia do método de determinação do PT a utilizar entre empresas relacionadas, durante um determinado período de tempo.

Normalmente, os APPT duram de dois a cinco anos e podem evidenciar uma extensão regulamentadora apreciável. Os contribuintes que procuram celebrar APPT fornecem à administração fiscal informações detalhadas, nomeadamente, sobre as suas atividades, modelos de negócio, produtos e serviços, políticas de *pricing*. Após negociações, as partes podem chegar a um acordo sobre uma metodologia de PT e estabelecer um APPT, que pode abranger todas as operações do grupo, ou apenas circunscrito a determinado mercado ou produto (Ylönen, 2022).

De acordo com a Portaria n.º 267/2021, de 26 de novembro, o processo de celebração de um APPT desenvolve-se em duas fases: a fase preliminar e a fase da proposta. A primeira envolve a descrição sucinta dos termos e condições em que o acordo pode ser celebrado e os seus efeitos. A segunda envolve a apresentação detalhada, a negociação aprofundada, e aceitação ou recusa por parte da Autoridade Tributária.

No caso de proposta de acordo bilateral ou multilateral, decorre, em seguida, a negociação com as administrações fiscais dos Estados onde se situam as contrapartes das transações. Após a celebração do acordo, a sua aplicação fica sujeita a acompanhamento e verificação pela Autoridade Tributária.

A fase preliminar encontra-se prevista no artigo 5.º da Portaria n.º 267/2021, e destina-se a avaliar a viabilidade da celebração de um APPT, tendo em conta a política de PT da entidade interessada e os factos e circunstâncias concretos que afetam as operações. Esta fase é também constituída pela definição dos requisitos específicos da documentação a apresentar com a proposta de acordo e pelo estabelecimento do calendário previsível para a sua celebração.

Esta inicia-se com o pedido, por parte do sujeito passivo, de avaliação preliminar dirigido à Unidade dos Grandes Contribuintes (UGC). Tal pedido deve incluir a caracterização da atividade e do modelo de negócio do grupo, bem como a identificação e caracterização das operações vinculadas e das entidades envolvidas, e a descrição da proposta de metodologia de PT. Após 60 dias desde a data de apresentação do pedido, caso a AT não se tenha pronunciado sobre o mesmo, o sujeito passivo pode apresentar a proposta.

A fase da proposta encontra-se prevista nos artigos 6.º a 12.º da Portaria n.º 267/2021 e inicia-se com a proposta de acordo prévio por parte do sujeito passivo dirigida ao diretor-geral da AT, devendo também ser subscrita pelas entidades intervenientes nas operações em causa. No caso de proposta de acordo bilateral ou multilateral, o sujeito passivo requerente deve contactar as entidades intervenientes nas operações vinculadas residentes em outros Estados para que estas apresentem também o pedido junto das respetivas autoridades competentes. Esta proposta deve conter os elementos constantes do anexo I Portaria n.º 267/2021, de 26 de novembro, e ainda deve ser acompanhada dos documentos indicados no Anexo II da mesma portaria.

Após a aceitação da proposta, os serviços competentes da AT procedem à análise dos elementos fornecidos pelo sujeito passivo. Nos APPT unilaterais, é estabelecido um prazo de 180 dias para o procedimento de avaliação, contado a partir da data de aceitação formal da proposta pela AT, enquanto nos APPT bilaterais e multilaterais, é fixado um prazo de 360 dias.

Nos termos do artigo 13.º e seguintes da Portaria n.º 267/2021, de 26 de novembro, logo que haja condições para o estabelecimento do acordo, a UGC submete o projeto de texto do acordo, que deve conter os elementos referidos no anexo III da portaria referida, ao dirigente máximo do serviço, e o mesmo deve ser comunicado por carta ao sujeito passivo, para que nele seja aposta uma declaração de aceitação do acordo. De notar que a duração do acordo não pode ser superior a 4 anos, podendo este ser renovado por solicitação escrita do sujeito passivo, até 6 meses antes do termo do prazo de vigência, seguindo os mesmos procedimentos previstos para a proposta inicial e estando dispensada da fase preliminar.

5. Acordos Prévios sobre Preços de Transferência: nota sobre a situação internacional

O mecanismo de APPT tem sofrido importantes modificações a nível internacional, com o intuito de aumentar a transparência dos acordos e, consequentemente, garantir que estes não são explorados para fins de concorrência fiscal prejudicial. Ou seja, que os APPT não sejam usados pelos Estados como vantagem fiscal na atração de investimentos.

Valente (2020) sugere que, para além dos desenvolvimentos neste âmbito, se reforce a estrutura da UE para a negociação e celebração de APPT entre Estados-membros, através do estabelecimento de regras comuns.

A diversidade de sistemas fiscais e a possibilidade de as EMN determinarem (embora não exclusivamente) a localização das suas empresas em função das disparidades tributárias, tendo em conta o sistema fiscal que melhor satisfaz os seus objetivos, pode gerar situações de planeamento fiscal abusivo e incentivar a concorrência fiscal prejudicial (Martins et al, 2020).

Os desafios suscitados pela evasão fiscal transfronteiriça, pelo planeamento tributário agressivo e pela concorrência fiscal internacional, não diminuíram. Pelo contrário, aumentaram de forma significativa e constituem uma ameaça ao bom funcionamento do mercado interno, à melhoria das condições socioeconómicas e à estabilidade das relações entre os vários Estados que compõem a União. A erosão da base tributável tem impacto direto na economia, uma vez que a redução das receitas fiscais impede os Estados de concretizarem políticas fiscais favoráveis ao crescimento económico.

Veremos se uma certa tendência de harmonização, de que é exemplo o Pilar 2, ao procurar instituir na UE taxas mínimas de tributação para certos grupos de sociedades contribuirá para abater estes fenómenos[4].

Tendo como alvo os regimes fiscais preferenciais, e a concorrência prejudicial, que poderiam ser promovidos através de regimes tributários pouco transparentes, a OCDE desenvolveu o Projeto BEPS. Este projeto, em especial nas suas as ações 8 a 10, induziu a importantes alterações às Diretrizes sobre PT da OCDE, posteriormente transpostas para a legislação nacional (Valente, 2020).

Um dos pilares chave do projeto BEPS é a transparência, e o compromisso no sentido do seu incremento, o que tem impacto no mecanismo dos APPT. Nomeadamente, na sequência da implementação das medidas BEPS, as EMN são obrigadas a divulgar mais informação sobre as suas políticas de PT no Dossiê Principal, no Dossiê Específico e no *country-by-country report* (CbCR), em particular informação sobre os APPT celebrados.

Para além disso, prevê-se a troca obrigatória e espontânea de informações entre jurisdições. Ou seja, a comunicação relativa aos APPT, no prazo de três meses, às jurisdições de residência de todas as partes relacionadas envolvidas na operação em causa, ou que dela beneficiem, e à da entidade-mãe.

Assim, é expectável que um maior número de administrações fiscais, dotadas de melhores informações sobre as atividades das EMN, levem a cabo um escrutínio muito mais intensificado e daí resultem auditorias e potenciais disputas (Martins et al, 2020; OCDE, 2022). Tal contexto poderia, em tese, reforçar o interesse nos APPT, uma vez que é proveitoso para os contribuintes, e as administrações fiscais, que sejam abordadas antecipadamente, de forma colaborativa, questões controversas (Valente, 2020)

Em 2017, deu-se um importante passo no tocante aos APPT e à certeza fiscal, no âmbito do mercado único, com a adoção de uma diretiva para melhorar a resolução de disputas tributárias (*Tax Dispute Resolution Directive*)[5], devendo a mesma ser posteriormente transposta para a legislação dos Estados-membros. Esta diretiva constitui um marco na tributação da UE, ao defender o estabelecimento de uma estrutura legislativa ao nível da UE para resolver um vasto conjunto de litígios fiscais transfronteiriços (*ex-post*) (Valente, 2020).

[4] Ver «Proposal for a COUNCIL DIRECTIVE on ensuring a global minimum level of taxation for multinational groups in the Union», COM/2021/823/FINAL, in https://eur-lex.europa.eu/legal content/EN/TXT/?uri=CELEX%3A52021PC0823.

[5] Ver «Council Directive (EU) 2017/1852 of 10 October 2017 on tax dispute resolution mechanisms in the European Union», in https://eur-lex.europa.eu/eli/dir/2017/1852/oj.

Ioana (2017) conclui que, de modo geral, os países onde foi celebrado um pequeno número de APPT, ou mesmo nenhum APPT, estabeleceram também um pequeno número de convenções para evitar a dupla tributação, comparativamente com os países que acordaram num maior número de APPT. Salienta que os países que concluíram um grande número de convenções para evitar a dupla tributação tendem a conceder mais APPT em comparação com os países onde o número de convenções é menor.

As EMN que operam em países que estabeleceram um número reduzido de APPT, e que concluíram um número reduzido de convenções para evitar a dupla tributação, estão expostas a maior risco de dupla tributação, face às empresas que operam nos países que concederam um grande número de APPT e que concluíram um grande número de convenções.

Esta relação parece indiciar que a prática negocial e legislativa dos países que assinaram um largo número de convenções faculta maior predisposição, e porventura maior conhecimento técnico, nas negociações de APPT. Adicionalmente, o maior número de convenções implicará melhor conhecimento das AT na fiscalização da sua aplicação, temendo menos os eventuais efeitos dos APPT, e tendo recursos mais apetrechados quanto aos detalhes das negociações e das auditorias posteriores.

O risco pode ser reduzido quer através da celebração de mais convenções, pelos diversos países, quer através do desenvolvimento e implementação de regulamentos relativos aos APPT, encorajando os contribuintes a proporem Acordos, por via do encurtamento de prazos de decisão e reduzindo a contrapartida financeira a pagar.

É também de destacar que a Comissão Europeia divulgou algumas estatísticas relativas aos APPT (*Statistics on APA's (Advance Pricing Agreements in the EU)*, para os anos de 2019 e 2020. Da análise destas estatísticas pode concluir-se que há uma grande discrepância entre os vários países da União Europeia (UE), quer seja por questões do próprio mercado, que difere de país para país, da dimensão e número de empresas, quer seja mesmo por outro tipo de questões, tais como, o tipo de APPT disponíveis em cada país (unilateral, bilateral, multilateral ou nenhum) e a existência e o montante das taxas que têm de se pagar para a realização deste tipo de acordos.

6. Acordos Prévios sobre Preços de Transferência em Portugal

O Modelo de Convenção Fiscal da OCDE, de 1995, já contemplava no artigo 25.º, n.º 3 a possibilidade de os sujeitos passivos chegarem a acordo com as administrações tributárias, quando considerassem a tributação não conforme com o disposto na convenção.

No seguimento das recomendações da OCDE e da União Europeia, o ordenamento jurídico português consagrou a possibilidade de as empresas celebrarem APPT, introduzindo para o efeito, no CIRC, o artigo 128.º-A, e determinando as condições e as obrigações subjacentes à celebração de um APPT, na Portaria n.º 620-A/2008, de 16 de julho. Atualmente, a possibilidade de celebração de APPT encontra-se consagrada no artigo 138.º do CIRC, sendo as questões práticas reguladas pela Portaria n.º 267/2021, de 26 de novembro.

Algumas estatísticas relativas aos APPT em Portugal podem ser consultadas nos «Relatórios de Atividades Desenvolvidas de Combate à Fraude e Evasão Fiscais e Aduaneiras». Da análise das mesmas pode constatar-se que, em Portugal, há uma clara escassez de APPT (Quadro 1).

QUADRO 1
EVOLUÇÃO DOS ACORDOS PRÉVIOS SOBRE PREÇOS DE TRANSFERÊNCIA EM PORTUGAL

Ano	2015	2016	2017	2018	2019	2020	2021
APPT em negociação	7	15	15	9	14	21	18
APPT em vigor	6	5	8	10	12	12	15
Total de APPT	13	20	23	19	26	33	33

Fonte: Relatórios de Atividades Desenvolvidas de Combate à Fraude e Evasão Fiscais e Aduaneiras, referentes aos anos de 2016 a 2021.

Apesar de se notar um leve crescimento, ao longo dos últimos anos, continuam a ser muito pouco significativos comparativamente a outros países europeus; e tendo ainda em conta o número de multinacionais e empresas que, potencialmente, praticarão operações vinculadas em Portugal.

A análise dos dados constantes do quadro 1 reforça o que já foi referido anteriormente. Com efeito, ao longo dos últimos anos, apesar da (muito) ligeira tendência para um aumento, os APPT continuam a ser bastante escassos.

Vejamos, em traços gerais, porque esta ferramenta tende a ser pouco utilizada, face ao seu interesse como forma de redução da incerteza fiscal.

A incerteza jurídica constitui um problema não só para os sujeitos passivos como também para os próprios Estados. Aqueles, não tendo certezas relativamente a acréscimos ao lucro fiscal que lhes serão aplicados, em especial em matéria de PT, podem não concretizar determinadas transações ou evitar determinados investimentos. Para os Estados, a redução de custos de cumprimento e de litigância tributária, por via de APPT, é um objetivo meritório.

Neste contexto a possibilidade de celebrar APPT permite aos sujeitos passivos obter o grau de certeza jurídica pretendida, dando-lhes garantias de estabilidade fiscal para a realização das suas atividades. Permite, ainda, a otimização do cumprimento das obrigações tributárias por parte dos contribuintes.

Os APPT são, pois, uma ferramenta atraente tanto para o contribuinte quanto para as administrações fiscais, porque reduzem ou eliminam a incerteza mútua que envolve a determinação dos PT, substituindo-a por uma margem substancial de negociação (Ylönen, 2022).

De acordo com Valente (2020), uma das principais vantagens dos APPT prende-se com o facto de permitir que os contribuintes e as administrações fiscais discutam transações atuais ou planeadas, suportadas por informação que a lei determina como sendo abundante e detalhada. Quer isto dizer que não se trata da resolução de disputas tributárias *a posteriori* que dependem, necessariamente, da prova (nem sempre abundante) de eventos passados.

Para além disso, os benefícios dos APPT implicam a promoção de relações de cooperação entre os contribuintes e as administrações fiscais, melhoram o cumprimento das obrigações e a redução efetiva dos problemas de dupla tributação e, consequentemente, podem induzir aumento do investimento e do crescimento (OECD, 2022; Valente, 2020).

De entre os vários motivos subjacentes à celebração de um APPT destacam-se ainda a redução do risco associado aos PT e a proteção contra possíveis penalidades fiscais (Eden & Byrnes, 2018). Segundo Brychta & Sulik-Górecka (2019), os APPT podem ajudar a criar um clima fiscal mais amigável e apoiar as administrações fiscais na obtenção de uma compreensão detalhada de como as empresas operam.

Numa primeira análise, os benefícios da celebração de um APPT são claramente evidentes. Contudo, o seu número não parece validar tal acervo de vantagens. É que os APPT apresentam algumas desvantagens e acarretam custos.

Na ótica de Eden & Byrnes (2018), algumas das principais vantagens de um APPT podem tornar-se desvantagens não intencionais num contexto regional, como o de uma união aduaneira, onde a política concorrencial é usada para impor condições equitativas a todos os Estados. Neste âmbito, os APPT podem suscitar alguns problemas, decorrentes da sua utilização abusiva por parte dos Estados, nomeadamente, quando são celebrados com o intuito atrair ou reter investimento direto estrangeiro (IDE) interno, através da deslocalização e fixação de empresas sediadas noutros Estados para um Estado com um regime fiscal mais favorável. Assim, o APPT passa de um mecanismo de resolução de controvérsias para uma forma de auxílio de Estado ilegal, que oferece um tratamento tributário preferencial a certas EMN.

As consequências deste tipo de práticas são evidentes. As EMN obtêm, com a celebração de um APPT, uma vantagem concreta a que as demais empresas presentes no mercado não têm acesso, afetando a concorrência dentro do mercado interno. Para além disso, pode dar-se a perda de receitas tributárias por parte do Estado, com a deslocação de EMN para Estados que concedem APPT mais vantajosos. Esta situação irá consequentemente gerar um aumento da tributação dos fatores menos móveis, de modo fazer face à perda de receitas, como é o caso dos rendimentos provenientes do trabalho (Eden & Byrnes, 2018).

Além do mais, a complexidade e morosidade do processo que envolve um APPT pode constituir um obstáculo à celebração destes acordos, dado que exigem ao sujeito passivo um elevado conjunto de informações, cuja organização pode ser extremamente onerosa. A entrega de um volume considerável de informações por parte do sujeito passivo à administração fiscal, no âmbito do processo de celebração de um APPT, pode levantar questões relativamente ao uso que a administração fiscal pode dar às mesmas.

Na verdade, a informação referida ano Anexo I da Portaria n.º 267/2021[6] é de molde a desencorajar muitas empresas cuja propensão para fazer sair do seu perímetro deci-

---

[6] **ANEXO I**

Conteúdo da proposta

A proposta de acordo prévio sobre preços de transferência deve conter os seguintes elementos:

1 — Identificação das entidades intervenientes nas operações abrangidas pela proposta (denominação social, local da sede, número de identificação fiscal), e dos pressupostos que determinam a existência de relação especial ao abrigo do n.º 4 do artigo 63.º do Código do IRC, ou, tratando-se de um estabelecimento estável, identificação da entidade a que este pertence.

2 — Caracterização da atividade do grupo económico em que as entidades intervenientes se inserem, com a identificação da(s) área(s) de negócio e das circunstâncias económicas e de mercado em que atuam, bem como das estratégias negociais implementadas suscetíveis de influenciar a determinação dos preços de transferência, ou a repartição dos lucros ou perdas gerados nas operações, e análise do desempenho económico-financeiro do grupo.

3 — Caracterização da atividade desenvolvida por cada membro do grupo e identificação do respetivo posicionamento na sua cadeia de valor, considerando as funções-chave desempenhadas, os principais ativos utilizados e os riscos assumidos mais relevantes.

4 — Posicionamento das entidades intervenientes nas operações abrangidas no mercado em que operam e identificação dos seus principais concorrentes.

5 — Caracterização das atividades desenvolvidas pelas entidades intervenientes nas operações abrangidas e seu enquadramento no modelo de negócio do grupo económico a que pertencem.

6 — Descrição das funções assumidas, dos ativos detidos e dos riscos incorridos pelas entidades no contexto das operações abrangidas pela proposta, incluindo uma análise da atribuição dos riscos economicamente relevantes conexos com aquelas operações, tendo em consideração as suas características economicamente relevantes e a capacidade da(s) entidade(s) a quem são atribuídos os riscos para efetivamente os controlar, bem como a sua capacidade financeira para os assumir.

sório elementos tão sensíveis não será elevada. Assim, por exemplo, os n.º 2, 3, 6 e 7 do referido anexo I, para citar apenas estes, contêm exigências informativas que, do lado da administração, se compreendem. Porém, na ótica das EMN, tais informações são, muitas vezes, essenciais no contexto de vantagens competitivas que possam deter. Explaná-las, ainda que no contexto protegido (não público) de um APPT não é uma decisão fácil, mesmo para a gestão de topo de uma EMN.

---

7 — Descrição das operações abrangidas pela proposta, do ponto de vista técnico, económico, financeiro e jurídico, com identificação do montante das operações em períodos anteriores e do montante projetado das mesmas para os períodos pretendidos para a vigência do acordo.

8 — Identificação das operações vinculadas não abrangidas pela proposta com indicação das contrapartes destas operações e justificação para a sua não inclusão na proposta de acordo.

9 — Apresentação do método, dentro dos permitidos pelo n.º 3 do artigo 63.º do Código do IRC, que se pretende utilizar na determinação dos preços de transferência das operações abrangidas pela proposta e justificação da sua seleção, a qual deverá incluir a explicação do mecanismo de adaptação dos métodos escolhidos às alterações das condições operacionais e económicas que influenciam as operações.

10 — Demonstração da aplicação do método proposto, incluindo a seguinte evidência analítica subjacente, se aplicável:

10.1 — Análise dos fatores de comparabilidade, nos termos previstos na portaria a que se refere o n.º 15 do artigo 63.º do Código do IRC.

10.2 — Identificação da base de dados comercial ou outras fontes de informação utilizadas.

10.3 — Identificação dos comparáveis internos e externos a utilizar e justificação, quer dos critérios utilizados na seleção dos comparáveis, quer dos ajustamentos de comparabilidade efetuados.

10.4 — Indicação do valor ou intervalo de valores que se obtêm com a aplicação do método.

11 — Identificação e caracterização das hipóteses críticas em que assenta a aplicação da metodologia proposta.

12 — Indicação do período de vigência pretendido.

13 — Identificação dos acordos prévios sobre preços de transferência ou outras decisões fiscais prévias transfronteiriças, em vigor ou em curso de negociação com administrações fiscais de outros Estados, que abranjam operações em que o sujeito passivo seja contraparte, ou operações realizadas pelo grupo que sejam similares às realizadas pelo sujeito passivo, ou integrem a cadeia de valor em que se inserem as operações por ele realizadas.

14 — Identificação das administrações fiscais dos Estados de residência das entidades não residentes em território português intervenientes nas operações abrangidas pela proposta (em caso de acordo bilateral ou multilateral).

15 — Confirmação da apresentação simultânea da proposta de acordo junto das administrações fiscais mencionadas na alínea anterior.

16 — Justificação para apresentação da proposta de acordo de caráter unilateral, quando for o caso.

17 — Identificação dos elementos previstos na alínea e) do n.º 3 do artigo 138.º do Código do IRC em matéria de troca de informações entre administrações fiscais.

18 — Outros elementos considerados pertinentes.

O mesmo se diga do Anexo II[7]. Os respetivos n.º 3, 4 e 5, para mencionar apenas estes, implicam informação detalhada sobre aspetos centrais ao negócio, cuja elaboração e disponibilização à AT pode causar alguma resistência. Em especial quando certa entidade integrante de uma EMN tem de obter autorização da sede, cuja sensibilidade à divulgação de informação crítica para o desempenho do grupo não será manifestamente elevada.

---

[7] **ANEXO II**

Documentação que deve acompanhar a proposta

1 — Organigrama do grupo em que se integram as entidades intervenientes nas operações abrangidas pela proposta, a sua organização mundial, estrutura do capital (cadeias de participações e percentagem de participação).

2 — Organigrama funcional das entidades intervenientes nas operações abrangidas pela proposta (incluindo identificação dos departamentos e do número de pessoas afetas às operações abrangidas).

3 — Análise das tendências setoriais e de mercado suscetíveis de afetarem a atividade exercida (por exemplo, estudos/relatórios financeiros e de mercado, e relatórios sobre a situação concorrencial no setor em causa).

4 — Descrição da estratégia do negócio delineada para os períodos abrangidos pelo acordo, bem como da estratégia adotada em anos anteriores se esta for diferente (incluir os planos estratégicos incidentes sobre as áreas críticas: aprovisionamento, produção, marketing, I&D, e orçamentos de gestão), identificando quem tem o poder de decisão e a responsabilidade de ditar a estratégia de negócio.

5 — Informação sobre as operações, produtos, negócios ou contratos que são abrangidos pela proposta (incluindo, se aplicável, uma breve explicação das razões pelas quais não foram incluídas todas as operações vinculadas, produtos e contratos).

6 — Demonstrações financeiras das entidades intervenientes nas operações abrangidas pelo acordo relativas aos últimos três períodos de tributação anteriores ao da apresentação da proposta.

7 — Relação dos contratos estabelecidos entre o sujeito passivo e as entidades relacionadas que possam afetar as operações abrangidas pelo acordo.

8 — Relação de outros contratos semelhantes existentes com entidades independentes e respetivos aditamentos.

9 — Declaração de renúncia aos ajustamentos correlativos determinados por correções aos preços de transferência das operações abrangidas, efetuadas pelas administrações fiscais dos Estados das contrapartes das operações (em caso de acordo unilateral).

10 — Declaração de compromisso de que será dado cumprimento ao dever de colaboração com a administração fiscal na prestação de informações e no fornecimento da documentação necessária, incluindo a autorização de consulta da base de dados utilizada, caso seja uma base de dados a que a AT não tenha acesso.

11 — Declaração de responsabilidade pela informação e técnicas utilizadas em estudos técnicos elaborados por outras entidades e que sejam apresentados pelo sujeito passivo, a emitir pelas referidas entidades.

12 — Outra documentação considerada relevante que suporte os elementos que devam ser incluídos na proposta nos termos do anexo I.

Estes serão motivos justificativos da baixa utilização dos APPT como ferramenta de gestão fiscal.

Em tal contexto, parece-nos que entidades cuja atividade seja a de um típico *contract manufacturer*, com funções de baixo risco, produzindo sob encomenda e recebendo especificações técnicas de outra(s) entidade(s) do grupo, poderá ter maior propensão para celebrar APPT.

Com efeito, em tal caso, a informação a facultar revela-se menos sensível. Apenas determinados aspetos técnico-produtivos terão pertinência enquanto elementos de competitividade. Mesmo esses são, no geral, desenvolvidos noutras jurisdições, onde as atividades de investigação e desenvolvimento das técnicas que subjazem aos sistemas produtivos das EMN têm lugar.

Inversamente, uma entidade que detenha intangíveis únicos, considerados fundamentais na estratégia futura e no nível de competitividade global de um grupo, terá maior dificuldade em fornecer informação de natureza tão melindrosa (Martins, 2022).

Quanto a métodos de PT, e exemplificando, uma entidade que utilize a margem líquida das operações, cuja quantificação depende de elementos contabilísticos referentes a exercícios passados, pode temer que as margens futuras sejam expostas a certa erosão, devido a fatores imprevistos. A sua posição, no período de vigência futura de um APPT poderia, assim, tornar-se desvantajosa, pois o lucro fiscal poderia não refletir a eventual degradação das margens.

Cremos que dificilmente a lei pode exigir menos, no contexto da apreciação e celebração de um APPT. Não será, todavia, fácil que as EMN evidenciem graus de abertura elevados para fornecer os elementos que as normas fiscais determinam. Essa não será uma das menores razões para a escassez de APPT observada em Portugal.

Num outro plano, pode suceder que a progressiva capacitação e eficácia da AT na auditoria aos PT, que se tem verificado entre nós, o incremento do conhecimento dos negócios e o aumento da troca internacional de informação fiscal, possa conduzir a que o nível de risco fiscal nos PT se eleve de tal forma que a celebração de acordos prévios, e a informação que tal implica, sejam vistos como parte razoável de um *trade off* entre organização e exposição de informação *versus* risco fiscal no âmbito dos PT.

Referências

Brychta, K., & Sulik-Górecka, A. (2019). «Legal Regulation for Advance Pricing Agreements in the Czech Republic and Poland — a Comparative Case Study». *Acta Universitatis Agriculturae et Silviculturae Mendelianae Brunensis*, *67*, 209–224.

Carreira C. (2021) «Acordos Prévios de Preços de Transferência? A palavra-chave é antecipar!» *Jornal Económico*, 18 ago. 2021

Eden, L., & Byrnes, W. (2018). «Transfer pricing and state aid: the unintended consequences of advance pricing agreements». *Transnational Corporations, 25*, 9–6.

European Parliament. (2015). «"Tax rulings" in the EU Member States». https://www.europarl.europa.eu/RegData/etudes/IDAN/2015/563447/IPOL_IDA(2015)563447_EN.pdf

Ioana, I. (Neacsu). (2017). «Advance Pricing Agreements and Double Taxation – Key Concepts in the Context of Transfer Pricing». «Ovidius» *University Annals, Economic Sciences Series, 17*(2), 565–570.

Kumar, S., Pandey, N., Lim, W. M., Chatterjee, A. N., & Pandey, N. (2021). «What do we know about transfer pricing? Insights from bibliometric analysis». *Journal of Business Research, 134*, 275–287.

Markham, M. (2012). *Advance Pricing Agreements: Past, Present and Future*. Kluwer Law International.

Martins A. (2022) *Valorização de Intangíveis e Preços de Transferência: Uma Análise Económico-financeira*, Coimbra, Edições Almedina.

Martins, A., Correia, S., & Taborda, D. (2020). «Group Transactions, Transfer Pricing and Litigation: Evidence from Portugal». *Intertax, 48*(11), 998–1011.

OCDE. (2013). *Combate à Erosão da Base Tributária e à Transferência de Lucros*. https://doi.org/10.1787/9789264201248-pt

OCDE. (2014). *Plano de ação para o combate à erosão da base tributária e à transferência de lucros*. https://doi.org/10.1787/9789264207790-pt

OECD. (2010). *OECD Transfer Pricing Guidelines for Multinational Enterprises and Tax Administrations 2010*. OECD. https://doi.org/10.1787/tpg-2010-en

OECD. (2022). *OECD Transfer Pricing Guidelines for Multinational Enterprises and Tax Administrations 2022*. OECD Publishing. https://doi.org/10.1787/0e655865-en

Romano, C. (2002). *Advance Tax Rulings and Principles of Law: Towards a European Tax Rulings System?* IBFD Publications BV.

Valente, P. (2020). «Advance Pricing Arrangements: Optimal Tool - Optimal Framework?» *Intertax, 48*(1), 67–73.

Ylönen, M. (2022). «Advance Pricing Agreements». In L. Seabrooke & D. Wigan (Eds.), *Global Wealth Chains* (pp. 68–88). Oxford University Press. https://doi.org/10.1093/oso/9780198832379.003

PARTE II
OUTROS ESCRITOS

Um Elogio a Rui Nabeiro

Doutoramento *Honoris Causa* de Manuel Rui Azinhais Nabeiro
na Universidade de Coimbra, 8 de junho de 2022

Elogio do Doutorando

Por: **António Martins**

1. Manuel Rui Azinhais Nabeiro pedirá, daqui a pouco, ao Magnífico Reitor a imposição das insígnias doutorais pela Faculdade de Economia da Universidade de Coimbra. Apresenta-o e abona-o no seu pedido Carlos Fortuna, sociólogo com créditos há muito firmados e meritório reconhecimento internacional, que será apresentado pela minha colega Margarida Mano.

Para que a Universidade de Coimbra se sentisse honrada em homenagear Rui Nabeiro não seria necessário qualquer concreto pretexto. A sua vida e a sua obra bastariam para, a qualquer momento, fundamentar plenamente a outorga da láurea doutoral.

Ainda assim, o ato que testemunhamos insere-se, embora por circunstâncias conhecidas com ele não coincida temporalmente, nas comemorações dos 30 anos da licenciatura em Gestão de Empresas da FEUC. A Faculdade de Economia, onde se ministra esta licenciatura, enobrece-se ao distinguir um empresário para quem as empresas e a respetiva responsabilidade social são um ponto focal no conjunto da sua vida e da sua obra.

A reunião, neste ato, de personalidades como Rui Nabeiro e Carlos Fortuna associa experiências pessoais que, com as naturais diferenças e distintos eixos de atuação, têm na sociedade um interesse comum.

2. Há cerca de 10 anos, servi de cicerone a uma colega estrangeira em visita à Universidade de Coimbra. Descrevi-lhe, junto desta mesma Sala, e até onde chega o meu conhecimento dessa matéria, aquilo (que é muito) de que a Universidade se pode orgulhar. Mas também os episódios que não lustram a sua história.

No final da minha descrição, disse ela: «É estando num lugar como este que se conclui que a educação universitária pode não ser apenas um negócio.»

Também para Rui Nabeiro, criar e administrar um grupo com relevo mundial, referência obrigatória na indústria do café, tem sido muito mais do que um negócio.

Entre nós, as empresas nascem geralmente de uma vontade, ou de uma conjugação de vontades, de natureza privada. Evidenciam, porém, inevitavelmente, fortes impactos sociais. No seu melhor, são creditáveis às empresas capitalistas ativos civilizacionais que moldam estruturalmente as sociedades em que vivemos. No seu pior, podem causar sério dano a pessoas e a comunidades.

3. John Maynard Keynes, numa intervenção proferida no *Manchester Reform Club*, em 9 de fevereiro de 1926, intitulada «Liberalism and Labour», afirmou que o problema político da Humanidade reside na combinação de três coisas: eficiência económica, justiça social e liberdade individual.

Então, como hoje.

Nesse discurso, sublinhou Keynes que a eficiência económica assenta no progresso técnico e na avaliação crítica dos seus efeitos. A justiça social apoia-se num espírito altruísta que sente afeto pelo ser humano. A liberdade requer tolerância e apreciação da diversidade e da independência, dando oportunidades aos indivíduos dotados de traços excecionais.

Pode legitimamente orgulhar-se Rui Nabeiro de, num grau por muito poucos alcançado, combinar os três elementos por Keynes realçados. Na verdade, a sua vida de empreendedor foi alicerçada em querer fazer melhor, mais eficientemente. Melhorar o produto, o processo de fabrico, estar tecnicamente à frente da concorrência, satisfazer os clientes, em suma, almejar a eficiência económica do negócio. Se assim não for, o excedente a distribuir (pelo trabalho, pelo capital, pelo Estado, e por outras partes que reivindicam o seu quinhão) pode minguar e privar quem fornece recursos da sua justa retribuição.

Rui Nabeiro perfilha uma ideia de liberdade fundada na tolerância pela perspetiva contrária. De que se pode estar errado e a tempo de corrigir o engano. Não a liberdade feita de cartilhas que decidem o que é autorizado e o que se demoniza. Ou que avalia os atropelos à liberdade e à vida consoante a longitude.

A justiça social constitui, em Rui Nabeiro, uma linha de rumo numa vida cheia. Não se trata, obviamente, da perspetiva Hayekiana, segundo a qual à distribuição primária do rendimento que ocorre na esfera da produção não devem ser aplicados critérios de justiça redistributiva.

Também não é a justiça social com os atributos dos coletivismos, usualmente cerceadores da liberdade.

É, antes, uma justiça social assente em dois pilares. O primeiro, fundado num sistema económico que produza eficientemente um excedente. O segundo, garantindo que esse excedente é, por via da ação de um Estado democrático e de iniciativas individuais, destinado, em boa parte, a impedir que se desça abaixo de formas de viver não compatíveis com a dignidade do ser humano. Os direitos sociais não são um mundo à parte da produção e da distribuição que ocorrem na esfera económica. Rui Nabeiro sabe-o e pratica-o na sua vida.

4. E o que foi essa vida? Que alicerces e que momentos singulares marcam o trajeto de quem a usufruiu de forma tão intensa?

Em entrevista dada em 2016, afirmou Rui Nabeiro: «Os meus pais foram extraordinariamente eficazes no equilíbrio da vida da família e puderam proporcionar aos filhos a Escola. Muitos não iam — e esses é que eram os verdadeiros pobres».

Estamos no Alentejo dos anos 30 do século XX. A quarta classe então alcançada foi mais do que suficiente para saber dizer não a gigantes multinacionais, quando décadas depois foi confrontado com ofertas de muitos milhões para vender o Grupo Delta.

Não sabemos se quando acabou o tempo de escola terá imaginado, um dia, negociar a venda de muito mais do que uma empresa. Talvez sim.

Isso pressente-se nas palavras que José Luís Peixoto põe na boca do nosso homenageado em *Almoço de Família* (uma biografia romanceada de Rui Nabeiro) quando este reflete sobre porque disse não a compradores de tal calibre. Expressam-se aí as seguintes razões, que cito: «O número demora muito tempo a ser dito... e temos de esperar até entender aquela quantidade de zeros. Mas... comprar tudo o que temos é comprar a nossa vida. Comprar a fábrica, os trabalhadores, os clientes, comprar a marca, comprar o nome, Delta, ...é comprar os anos que passámos a aprimorar cada detalhe, é comprar as madrugadas, comprar os dias que passámos longe de casa, comprar o trabalho e o sonho, tudo que imaginei.»

A distância temporal entre o rapaz de 10 anos e o homem que recusou a venda de todos estes ativos, materiais e imateriais, é assinalada por episódios que sulcaram a figura de Rui Nabeiro. Aos 16 anos, a trabalhar na fábrica com responsabilidades que ajudaram a forjar a têmpera do empresário em que se tornou. Mais tarde, a levar café para Espanha e a tentar que os *carabineros* lhe não deitassem a mão.

A descobrir nos gritos de espanhóis que, fugidos da Guerra Civil, eram reenviados para lá da fronteira, um rasgar de nervos e um medo muito difíceis de aguentar. A receber, em Campo Maior, Mário Soares e Felipe González, e a perscrutar o que neles havia de comum, mas também de distinto.

Vemo-lo perante um pedido de emprego vindo de um jovem ao qual perguntou o que sabia fazer, ao que este retorquiu que tinha o 12.º ano. A indecisão sobre o rumo a dar à conversa muda subitamente quando o jovem lhe diz ser neto de um colega de escola de Rui Nabeiro que, tendo problemas de visão, era, por isso, objeto da troça dos colegas. A decisão sobre o pedido do jovem foi então: «alguma coisa se há de arranjar».

Como algo se logrou quando foi a Timor, buscando o café do novo país, com o fito de contribuir para o seu desenvolvimento.

Este modo de estar resume-o na frase que encerra uma leitura da vida através da relação com os outros. Diz ele: «Quando não conhecemos as pessoas, distorcemo-las. O meu tio ensinou-me a ir lá e falar, levar olhos e ouvidos». Em Portugal, Angola, Timor e tantos outros lugares, foi isso que fez. Foi, viu e ouviu.

Inclusivamente, ao regressar de um período de cerca de ano e meio, no qual esteve afastado em Espanha — que as marés da vida também baixam —, e encontrando a recebê-lo uma Campo Maior festiva e domingueira, reflete: «Estou entre a minha gente, tenho os pés nas ruas da minha terra, é aqui que me conhecem».

E, por fim, algo que poderia figurar num qualquer manual de gestão de grandes empresas de raiz familiar, quando pondera: «Uma família de tios e irmãos traz vantagens e desvantagens ao negócio. Há a confiança, valor número um para o funcionamento de qualquer firma, mas também há a dispersão de cabeças, cada um a dar palpites... Um aborrecimento de família, quando mal gerido, provoca dissabores que entortam o eixo de uma vida».

Que lições de gestão de empresas se podem fundar na ação de Rui Nabeiro?

5. As Escolas onde se ensina gestão criaram um *curriculum* que tem habitualmente como alicerce as *funções* desempenhadas numa organização empresarial. A estratégia, o *marketing*, a gestão de pessoas, a gestão da informação, as finanças e a contabilidade, a logística, a gestão da produção, e assim por diante.

Significa isto dizer que quem passa por uma escola de gestão é, no essencial, preparado para uma visão analítica da empresa. Para decompor problemas em peças que se hão de encaixar numa solução lógica.

É certo que a análise tem o seu lugar na gestão, e muitas das médias e grandes organizações empresariais não seriam administráveis sem uma estrutura que prefigure e norteie certos modos de fazer. Esse constitui um dos contributos mais evidentes das Escolas para o exercício da profissão de gestor.

Todavia, como sublinha Mintzberg, a essência da gestão é síntese. Aplicar aos problemas uma perspetiva que seja transversal às disciplinas funcionais em que se dividiu o ensino da gestão. E, no plano em que atua Rui Nabeiro, as decisões não se pautam apenas pela racionalidade. As emoções e a intuição — ou o que se designa por *«gut feeling»* — são um elemento-chave em muitas delas.

O trabalho de Harold Baker e John Nofsinger explora vertentes através das quais as emoções influenciam as decisões dos gestores, colocando o acento tónico nas variáveis que se apelidariam de «não racionais» no contexto dos processos de decisão.

A fundação de uma empresa é, quantas vezes, um ato de vontade, fracamente assente em estudos prospetivos e quantificados. É, antes de mais, uma atitude voluntarista na qual, por vezes contra a corrente, a ousadia impera. Apostar num produto ou num serviço inovador, efetuar dispêndios cuja taxa de retorno é altamente incerta, requerem, em alto grau, essa intuição.

Alden Hayashi, analisando o processo de decisão dos gestores, não o conseguiu classificar com rigor, referindo apenas que desafiava a simples lógica analítica. Muitos dos administradores entrevistados durante os seus estudos descreveram o processo como uma sensação de saber algo sem perceber exatamente como nem porquê. E usaram palavras tais como: «julgamento profissional», «intuição» ou «voz interior».

À medida que a escala hierárquica se estreita, a complexidade dos problemas aumenta, exibindo traços relativamente aos quais a análise pura se revela insuficiente. Para além da natureza mais complexa de que se revestem as decisões, acresce uma outra restrição: quando se recolhe informação que fundamente em 99% a certeza de uma decisão, é certo que já se tornou obsoleta. Tal situação é ilustrada com a seguinte declaração de um administrador de uma grande multinacional:

> Quando um executivo me apresenta uma proposta de aquisição de uma outra empresa os números são sempre fantásticos... E são-me descritas todas as razões pelas quais seria uma boa aquisição. Mas é nesse ponto — quando tenho uma quantidade enorme de informação quantitativa que já foi analisada por pessoas muito inteligentes — que procuro merecer o que me pagam. Porque vou avaliar toda essa informação e saber, intuitivamente, se é um bom ou mau negócio.

Neste mesmo plano, o tema da decisão empresarial e dos seus fundamentos, que ocupa larguíssimas páginas de prestigiadas revistas de gestão, é resumido por Rui Nabeiro da seguinte forma:

> Há lições que só se aprendem depois de uma vida inteira. Quando se tenta transmiti-las a outros, eles conseguem aprender a superfície, o raciocínio, mas, por muito espertos, não conseguem entender realmente do que se trata, precisa-

riam de uma vida inteira, não se exige menos do que isso. Talvez um dia cheguem a entender essa lição; então, talvez se lembrem de quem tentou ensinar-lhes essa matéria pela primeira vez.

Todos os empresários e todas as empresas têm uma história e um certo ADN. Que extravasam, em muito, o que os relatórios publicados facultam ao leitor. Neste elogio, posso apenas raspar a superfície dessa história e traçar, em tosco esquisso, alguns dados do cartão de cidadão das empresas que Rui Nabeiro criou e desenvolveu.

6. No conhecido dito de Milton Friedman, «*the business of business is business*». Queria dizer que o papel essencial da empresa é, partindo de recursos que obtém, criar um excedente. Que se reparte consoante critérios de mercado. A filantropia deve ser exercida por indivíduos e não envolver nela a atividade empresarial.

Uma tal visão, levada ao extremo, pode transformar a natureza da gestão empresarial. Em vez de administrarem as empresas, os gestores procuram essencialmente influenciar a cotação das respetivas ações.

Pedindo de empréstimo as palavras de Michael Porter: «Idealmente, o controlo de uma sociedade deveria estar nas mãos de um número reduzido de investidores, que adotassem uma perspetiva de longo prazo, e que estivessem totalmente informados sobre a empresa... Nesta perspetiva, os gestores seriam julgados pela sua capacidade de construir uma posição competitiva duradoura e capacidade de gerar resultados e não pelas flutuações de curto prazo do preço das ações.»

As modernas formas de governo das empresas descartaram a perspetiva de Milton Friedman como inaceitavelmente redutora. Permito-me salientar dois temas do governo das empresas que, afastando-se da lógica de Friedman, estão no cerne do papel social dessas entidades: a redução da desigualdade e a promoção da sustentabilidade. A primeira, buscando evitar que a liberdade de iniciativa, pilar da realização pessoal, se atole em níveis de desigualdade que corroem a sociedade. A última, que mais não quer dizer que o ser humano deve deixar aos vindouros um planeta habitável em condições de fruição. As notícias, nas duas frentes, não têm sido boas.

Rui Nabeiro sabe que a disparidade criada pela repartição do excedente originado por empresas eficientes pode contribuir para agravar as desigualdades e minar a legitimidade institucional das sociedades democráticas.

Ou pode tal repartição contribuir para que os índices de desigualdade, — após a ação corretora do Estado e de entidades privadas cuja visão vá para além da simples lógica financeira — se reduzam comparativamente aos que emergem da repartição primária do rendimento. E, sabendo-o, pratica-o.

Nenhum empresário pode desenvolver a sua atividade sem o contributo da sociedade. O respeito pelos contratos, a qualificação dos trabalhadores, as infraestruturas tangíveis e intangíveis cada vez mais sofisticadas, tudo isso e muito mais se junta aos meios privados que se arriscam, incorporando-se nos recursos usados por empreendedores como Rui Nabeiro.

O ato de retribuir (*give back*) é por vezes tão menosprezado tanto pelo individualismo egoísta como por coletivismos que presumem que nada pode existir neste âmbito que não seja por via da ação do Estado.

Tal retribuição não se concretiza apenas pelo pagamento dos impostos, que hão de permitir escolhas redistributivas. Mas também pela afetação de parte do retorno privado a fins públicos.

Administrar um grupo de empresas é hoje, como sempre, uma atividade que se desenvolve num ambiente de incerteza. Como afirmam Monks and Minow:

> *A única certeza nos negócios, como na vida, é a mudança. Se fosse possível, ...um líder deveria prever o futuro e guiar a empresa de acordo com a sua previsão. Como tal não é possível, o que se pretende é um administrador que seja capaz, pela sua competência, recursos, motivação e liderança, de manter a empresa não apenas pronta para mudar, mas que possa beneficiar dessas mudanças.*

Os exemplos que são visíveis no Grupo Delta mostram que a mudança inovadora tem sido um eixo nuclear na vida empresarial de Rui Nabeiro. Estar preparado para a mudança, saber aproveitá-la, mas não restringir os frutos dessa ação à sua esfera pessoal.

Talvez porque soube o que era viver com pouco. E que, na vida dos outros, a sua ação pode fazer a diferença. Proporcionando oportunidades onde elas, de outro modo, seriam escassas. Ou, simplesmente, não existiriam.

7. Voltando a Keynes, abordemos novamente a eficiência económica numa ótica de gestão. As entidades empresariais adquirem *inputs* (tais como matérias-primas e serviços) e acrescentam valor a tais recursos, que incorporam no preço de venda. Esse contributo económico traduz-se, como se sabe, no valor acrescentado bruto (VAB), que constitui o excedente a partir do qual se remuneram os trabalhadores, os credores, se pagam impostos e se distribuem dividendos aos sócios.

No Grupo Delta, para essa eficiência contribuem investimentos como o efetuado no «Diverge — Centro de Inovação»e a presença em mais de 40 países, expondo as empresas a uma concorrência internacional muito exigente.

Segundo dados relativos a 2019, o Grupo evidencia um volume de negócios de mais de 412 milhões de euros e um valor acrescentado bruto de 159 milhões de euros. O VAB representa 38,5% do montante dos negócios. Em 2019, o valor médio do VAB em percentagem do volume de negócios das grandes empresas portuguesas era, segundo dados do INE, de 21,9%. (Sublinho: 38,5% versus 21,9%).

Rui Nabeiro preside, pois, a um grupo cuja eficiência económica é indubitável. Mais notória é ainda a forma como reparte esse valor acrescentado. Vejamos.

Nas grandes empresas portuguesas, em 2019, a percentagem média do VAB distribuída como salários ascendia a 57%. No grupo Delta, tal indicador eleva-se a 70%, a que correspondem 110 milhões de euros de salários. Uma repartição primária que, assentando na prévia obtenção do excedente, o distribui de uma forma invulgar.

Mas não só. Ainda em 2019, o valor do IRC suportado (na quantia de 7,6 milhões de euros) foi praticamente igual ao dos lucros obtidos (que ascenderam a 7 milhões de euros). E, quanto aos lucros obtidos, será ainda seguro afirmar que eles contribuíram para financiar, entre outras iniciativas de relevo social, a «Coração Delta» — Associação de Solidariedade Social.

De realçar, também, que o financiamento do grupo é maioritariamente efetuado por via de capital próprio, e não por dívida. Também aí se distinguindo uma opção de Rui Nabeiro. A dívida pode, em certas circunstâncias, incrementar a rendibilidade financeira, mas reduz graus de liberdade de gestão.

A eficiência económica do capitalismo e a liberdade individual, aliadas a um papel ativo do Estado e da sociedade civil na redução da desigualdade que resulta da repartição primária do rendimento constituem, muito provavelmente, a combinação menos má que o ser humano criou até hoje como desenho comunitário. Os riscos sociais carecem de mecanismos de mitigação. Rui Nabeiro pode orgulhar-se de ser uma das personalidades que deixam, neste domínio, uma marca indelével.

Em suma, é possível que um negócio seja mais do que mero *business*. Que vá além da comparação do custo do capital investido com o respetivo retorno financeiro. A responsabilidade social de um grupo como o presidido por Rui Nabeiro é uma escolha. E tal engrandece quem a faz.

8. Um outro ponto merece destaque na relação de Rui Nabeiro com Portugal. É sabido que numa larga parcela dos que analisaram o modo de ser português veio quase sempre ao de cima um certo sentimento de desvalor do país, designadamente face ao que Eça de Queiroz designava por «Europa civilizada».

A obra de Eça é, a esse respeito, esmagadoramente ilustrativa. Os Gouvarinhos, os Acácios, e tantos outros personagens da galeria queirosiana ridicularizaram a empáfia de certas elites.

No «Labirinto da Saudade», publicado em 1978, cerca de um século depois da (por muitos considerada) obra-prima queirosiana, escreveu Eduardo Lourenço um ensaio no qual associa aos portugueses traços como «O aparato e a aparência» ou «A vocação ostentatória permanente» que, provindo da sua visão do que somos como país, nos atinge como um murro no estômago.

Claro que na generalidade dos casos (já desde Gil Vicente) a crítica mais severa é dirigida às elites. Mas o país, no seu todo, não escapa a esta visão deprimente de, nas palavras de Eça, «receber a civilização pelo paquete».

Ora, estes traços sombrios de Portugal — nuns casos resultando da crítica social através da ironia, noutros de um duro exame que pretende sacudir mentalidades para as tentar regenerar — têm muitas exceções. E deve dizer-se que, num plano geral, as últimas décadas alteraram em larga medida importantes facetas desta realidade.

Na verdade, a dita desvalia, ou esse suposto fado nacional, foi virado do avesso por muitos empresários portugueses. É o caso de Rui Nabeiro. Não há nele a invocação da pouca sorte, o culto da aparência, a ostentação da riqueza. Há, sim, a centralidade do trabalho, um projeto assente em sólidas bases económicas e financeiras e, sobretudo, a convicção de que não estamos condenados a ser piores do que outros povos.

9. Minhas Senhoras e meus Senhores, o que vai ficando dito nestas palavras não é a apologia de um capitalismo paternalista. É o elogio da gestão empresarial eficiente associada à filantropia. Corporizada em atos que visam ajudar outros seres humanos a viverem melhor.

Que, na dimensão em que Rui Nabeiro a pratica, poderia ser mais frequente em Portugal se, porventura, o capitalismo industrial aqui tivesse aportado mais cedo. O que se teria talvez traduzido em maior criação de riqueza, em vez de, muitas vezes, redundar em mera criação de ricos.

Como expoente dessa filantropia, e face aos contributos antes expostos do Grupo Delta para a sustentação de um Estado social, Rui Nabeiro corporiza uma combinação de valores que é justo realçar a traço cheio. Combinação alicerçada no talento, na livre iniciativa e na solidariedade sentida por quem não dissocia empresa e comunidade.

As Escolas de gestão têm vindo a incorporar naquilo que começou por ser o estudo de uma coleção de funções empresariais outros elementos essenciais para a formação dos gestores. Por vezes, a academia inovou. Quem sabe quanta dessa investigação inovadora se apoiou também no consumo de um bom café.

Em muitas outras ocasiões a academia seguiu e sistematizou o que os empresários experimentaram. Rui Nabeiro pertence ao grupo dos que ousaram e deixam uma pegada forte. Pegada persistente, como o prova a escolha da Delta, em 2022, como a melhor empresa para se trabalhar em Portugal.

Volto a finalizar, à reflexão de Rui Nabeiro aquando da proposta com muitos zeros que recebeu de uma multinacional. Perdoem-me a repetição:

> comprar tudo o que temos é comprar a nossa vida. Comprar a fábrica, os trabalhadores, os clientes, comprar a marca, comprar o nome, Delta, ...é comprar os anos que passámos a aprimorar cada detalhe, é comprar as madrugadas, comprar os dias que passámos longe de casa, comprar o trabalho e o sonho, tudo que imaginei.

As grandes multinacionais estão dispostas a incorporar num preço os intangíveis únicos que Rui Nabeiro sonhou e criou. Que se não vislumbram, à primeira vista, no Balanço Contabilístico do Grupo Delta; mas que constituem trave-mestra do respetivo desempenho. A Faculdade de Economia da Universidade de Coimbra reconhece o valor e o mérito de quem soube, ao longo de décadas, desenvolver esses intangíveis.

É função da Universidade laurear contributos desta natureza e fazer deles uma referência mais vasta do que o ensino e a prática da gestão empresarial. É, pois, um ato de justiça que vos digneis, Magnífico Reitor, impor as insígnias doutorais a Rui Nabeiro.

Investimento, sustentabilidade e informação empresarial: novos temas, velhos problemas

António Martins

1. Introdução

A teoria económica, a prática da gestão empresarial e o discurso político atribuem ao investimento levado a cabo pelas empresas um papel primordial no crescimento e no desenvolvimento. Com efeito, as decisões de investimento são porventura as mais complexas que os gestores têm de concretizar. Elas implicam a afetação de meios financeiros (por vezes muito avultados) no presente, e só no futuro se observarão (se for o caso) os benefícios esperados dessa aplicação de meios em diversos tipos de ativos.

Nos últimos anos, já não basta investir para que tais decisões sejam vistas como potenciadoras de inovação, competitividade e bem-estar. É preciso que esses investimentos sejam — ou sejam pelo menos rotulados — como *sustentáveis*. Mais precisamente, que se integrem numa lógica de preocupações do tipo ESG (*Enviromental, Social and Governance*).

Definir sustentabilidade tem dado azo a alguma polémica. Em especial no tocante à medição do grau de sustentabilidade de empresas, setores ou atividades.

Como se refere num trabalho da Universidade McGill[1]: *«Sustainability is a holistic approach that considers ecological, social and economic dimensions, recognizing that all must be considered together to find lasting prosperity.»*

Medir, num indicador compósito, as diferentes variáveis que podem ser incluídas nestas dimensões não se revela fácil. Se as facetas ambientais, económicas e sociais confluem no grau de sustentabilidade dos investimentos e, por isso, na capacidade de as empresas perdurarem mantendo um compromisso respeitador da ESG, haverá que ave-

[1] «What is sustainability», McGill University, p. 1, disponível em: *https://www.mcgill.ca/sustainability/files/sustainability/what-is-sustainability.pdf*, acedido em 2 novembro 2022.

riguar, entre outros aspetos, se, como é costume dizer, «os investidores põem o dinheiro onde empregam as suas palavras».

Dito de outra forma, se as empresas que evidenciam melhores práticas de sustentabilidade são, consequentemente, premiadas no tocante à evolução das respetivas cotações. Isto, claro está, se se tratar de entidades cotadas em mercados de capitais.

Ora, nos últimos tempos, têm-se multiplicado os sinais de que nem tudo vai bem (indo até certas coisas mal) no reino da medição da sustentabilidade, e na respetiva tradução em maior atratividade para os investidores, das consideradas boas práticas de ESG[2].

O fulcro do problema está em aferir e mensurar tais práticas, a fim de que, usando métricas apropriadas, se possam utilizar indicadores ou filtros que permitam premiar algumas empresas e penalizar outras.

A questão tem ganho ênfase redobrado nos últimos tempos, mas é um velho problema da gestão empresarial. Quem não se recorda do *Balanced Scorecard (BSC)*? Invocando a limitação da informação financeira, o BSC procurava agregar à avaliação ou diagnóstico do desempenho empresarial temas não financeiros (*e.g.*, clientes, inovação, recursos humanos e por aí adiante). Muitos sustentaram então que se tratava do bom e velho *Tableau de Bord*, embora com outra roupagem. E que a medição de muitas das variáveis do BSC era extremamente difícil e dada à manipulação.

Para se recordar a complexidade na elaboração de um *Balanced Scorecard* vejam-se as etapas que Biasca[3] salientava na respetiva construção:

1. Definir a visão, a estratégia e os objetivos a serem alcançados.
2. Conseguir o apoio da alta direção para os novos conceitos.
3. Elaborar a ligação entre os diversos indicadores, de acordo com os processos e a organização, para determinar a contribuição esperada de cada pessoa à respetiva remuneração.
5. Estabelecer termos de comparação com as melhores práticas.
6. Ter um sistema de informação que permita obter os dados necessários para que os indicadores sejam fornecidos aos gestores.
7. Desenvolver esforços para aumentar a comunicação dentro da empresa, necessária ao BSC, contribuindo para um processo educacional.
8. Integrar o BSC em todas as etapas da gestão empresarial, articulando-o com planos de ação, orçamentos e a avaliação de recursos humanos.

---

[2] Um resumo desta temática encontra-se num relatório especial da revista *The Economist*, publicado no n.º 9306, de julho de 2022.

[3] R. Biasca, (2000). *El Tablero de Comando – Los 10 Pasos para Construirlo, el Ejemplo de una PYME* R. Biasca & Asociados, Buenos Aires.

Os estudos empíricos realizados em PME confirmaram a possibilidade de uma implementação bem sucedida do *Balanced Scorecard*, mas apenas se fosse adaptado às características dessas entidades.

Qualquer sistema de avaliação de desempenho das entidades empresariais, seja sob uma ótica de BSC, seja no âmbito da ESG, depara-se com velhos problemas que se associam às seguintes etapas: definição das estratégias e dos objetivos que o sistema de avaliação visa mensurar, definir indicadores, procurar as fontes informativas e os dados que servirão de base a tais indicadores, envolver toda a organização na adoção e utilização regular do sistema de avaliação.

Uma vez que, segundo o conhecido aforismo, «*what you measure is what you get*», a sustentabilidade não escapa a este problema, levando a que seja cada vez mais difícil encontrar empresas que não afirmem que a sustentabilidade está no cerne das suas preocupações. Contudo, os problemas acima referidos também irrompem do domínio da respetiva medição.

Este breve ensaio pretende, assim, tratar de dois temas. Em primeiro lugar, se as empresas classificadas como mais sustentáveis geram taxas de retorno mais atrativas para os titulares do seu capital (*doing better, by doing good*). Depois, se os sistemas de informação existentes permitem aferir objetivamente o grau de sustentabilidade das empresas.

2. O investimento em fundos ESG e o retorno obtido

Uma das maneiras que, à partida, permitiria averiguar o investimento com claros traços de sustentabilidade, ou de responsabilidade social, em sentido lato, seria verificar se os fundos que integram títulos de empresas com elevado grau (medido por indicadores quantitativos) de ESG alcançariam retornos superiores.

Quer dizer: se as entidades cujas decisões levassem em conta efeitos ambientais, sociais e tivessem ainda o que se considera ser bons sistemas de governo interno, seriam premiadas no mercado; obtendo-se, relativamente às partes de capital destas entidades, rentabilidades superiores às das empresas com reduzido grau de preocupação com a problemática da ESG.

Porém, como se deixou antever, antes de concluir sobre esse eventual nexo entre ESG e desempenho acionista, surge a inevitável questão: como se mede a ESG? E, nesse âmbito, se a rotulagem de investimentos como «ESG» poderá por vezes redundar na manipulação de características e de informação empresarial que induza os investidores a adquirir ações (ou dívida e instrumentos híbridos) de entidades que se apresentam com tendo elevado nível de ESG, mas que, na verdade, o não evidenciam.

Lucca Berchicci e Andrew King, num estudo[4] datado de 2021, referem que, durante décadas, procurou-se uma conexão entre o desempenho de uma empresa (retorno das suas ações) e a sustentabilidade derivada das respetivas decisões de gestão. Os dois autores analisaram aprofundadamente a relação entre a sustentabilidade e o retorno das ações, e concluíram que importantes estudos anteriores (que encontravam um nexo entre as duas variáveis) não eram mais do que *statistical artefacts*[5]. Em seguida, procuraram determinar quais os aspetos da sustentabilidade que são materiais para os investidores, tendo concluído que, neste contexto, é difícil obter uma orientação precisa sobre a materialidade.

Outros autores lançam dúvidas sobre essa relação, e até sobre se é possível uma conciliação «automática» entre ESG e melhores retornos. Damodaran[6] refere:

> *The ESG movement's biggest disservice is the sense that it has given those who are torn between morality and money, that they can have it all. Telling companies that being good will always make them more valuable, investors that they can add morality constraints to their investments and earn higher returns at the same time, and young job seekers that they can be paid like bankers, while doing peace corps work, is delusional.*

Por fim, tem sido notado um certo oportunismo dos fundos de investimento, aventando-se que, não poucas vezes, rotulam como «fundos ESG» aplicações financeiras de empresas cujo grau de ESG não se sabe como é determinado, nem é claro se são óbvias candidatas a tal estatuto[7].

---

[4] L. Berchicci, and A. King, *Corporate Sustainability: A Model Uncertainty Analysis of Materiality* (May 18, 2021). Available at SSRN: https://ssrn.com/abstract=3848664 or http://dx.doi.org/10.2139/ssrn.3848664

[5] «A statistical artefact is an inference that results from bias in the collection or manipulation of data. The implication is that the findings do not reflect the real world but are, rather, an unintended consequence of measurement error». Quer dizer: não se trata de verdadeira causalidade e sim de erros de medição ou deficiente construção de variáveis.

[6] A. Damodaran, *The ESG Movement: the Goodness Gravy Train Rolls On!* https://pages.stern.nyu.edu/~adamodar/pdfiles/country/ESGShortNew.pdf. p. 20.

[7] Veja-se *The Economist*, «ESG Investing, Special Report», July 2022, p. 1-8.

3. Problemas na medição de ESG

Um negócio pode ter objetivos que vão além do retorno financeiro[8]. Mas existe uma inegável (e muitas vezes secundarizada) dificuldade em compatibilizar uma visão assente na *shareholder view* (segundo a qual as empresas devem, antes do mais, gerar retorno acionista) e a *stakeholder view*, que sustenta que as empresas devem ter outros objetivos, que globalmente se podem traduzir nas práticas ESG.

Estas últimas erigem como igualmente importantes os acionistas, os empregados, o meio ambiente, a comunidade onde a empresa se insere, e outros elementos.

Tendo em conta a gestão empresarial e as ferramentas de medição de ambas as perspetivas, sabe-se, que na *shareholder view*, os projetos com VAL superior a zero, ou TIR superior ao custo do capital, devem ser realizados. Já numa visão cujo cerne seja a *stakeholder view*, devem buscar-se métricas que avaliem os temas centrais da ESG, acima referidos. E que, em caso de conflito entre as diversas perspetivas, forneça um critério de priorização.

Surge aqui uma dificuldade central na construção de indicadores (*scorecards* ou *benchmarks*) e na disponibilização de informação empresarial (essencialmente não financeira) que permita quantificar tais indicadores.

A título de exemplo, pode questionar-se como divulgar e medir os seguintes aspetos ou temas empresariais: impacto da atividade na atmosfera, efeito sobre qualidade da água dos oceanos, reflexo na biodiversidade, e outros tão ou mais complexos.

Além da problemática a que se acabou de aludir, surge uma outra que releva de os impactos não se desencadearem todos ao mesmo nível. Num primeiro nível temos reflexos da atividade que são de natureza direta e mais facilmente mensuráveis. Destes constituem exemplos as emissões poluentes de uma certa empresa BETA. Num segundo nível, podem medir-se as emissões poluentes de fornecedores diretos de BETA. Por fim, num terceiro nível, teremos o impacto ambiental de todas as entidades componentes da cadeia de abastecimento de BETA.

Não só a existência destes dados e a sua compilação se revelam muito fracamente exequíveis, como a afetação de responsabilidades a determinada empresa (e a consequente pontuação ou classificação para efeitos de uma qualquer métrica ESG) não se afigura linear.

E isto em países cuja circulação de informação económica e outra se efetua de forma livre ou fracamente condicionada. Se pensarmos nas restrições à disponibilização desta

[8] «O Elogio a Rui Nabeiro» que consta deste livro mostra como tal sucede no grupo DELTA.

informação em países com sistemas ditatoriais, onde a submissão a partidos ou a grupos é determinante na vida empresarial, o caso torna-se muito mais complexo. (A não ser que se entenda que os primeiros são responsáveis por todos os males da terra e os segundos estão ao abrigo de tais condicionantes).

A quem imputar responsabilidades ambientais quando um automóvel consome gasolina: à empresa produtora do combustível, à empresa fabricante dos automóveis ou à entidade que os utiliza na sua atividade diária?

Num outro exemplo, uma empresa que produza veículos elétricos pode ter uma pegada ambiental muito baixa quanto a emissões de CO2, mas um elevado efeito negativo quanto à mineração de lítio.

Em suma, não só se revela difícil construir um índice que meça o nível de ESG numa base de *stakeholder view*, como não se afigura nada fácil avaliar o cumprimento das metas que os indicadores ESG visam avaliar.

E, como já se aflorou, a manipulação dos dados pode levar a conclusões que, aparentemente, imputam às empresas elevados níveis de responsabilidade ambiental, social e sólidos sistemas de *governance*, quando, na verdade, em situações concretas, quer a construção de tais métricas, quer a respetiva auditoria, deixam muito a desejar.

4. É A MEDIÇÃO A ESG IMUNE AOS PROBLEMAS DA MANIPULAÇÃO DA INFORMAÇÃO EMPRESARIAL?

A informação empresarial tem natureza essencialmente financeira e não financeira. Uma e outra podem ser manipuláveis consoante o interesse das partes que a produzem e utilizam. Vejamos, em primeiro lugar, algumas questões acerca da possibilidade de manipulação da informação financeira, para depois, nos debruçarmos sobre a informação subjacente aos sistemas de ESG.

A informação contabilístico-financeira[9] tem um papel central no governo das empresas, em especial, mas não somente, nas de capital aberto. Os canais de influência daquela informação sobre o governo das empresas incluem os efeitos sobre os mecanismos de controlo entre as partes interessadas, como sejam, entre outros, a avaliação regular que os acionistas levam a cabo sobre a capacidade de os gestores remunerarem os recursos

[9] O conceito de «informação contabilístico-financeira» aqui usado traduz-se como o produto dos instrumentos utilizados na contabilidade e no relato financeiro que evidenciam e divulgam informação quantitativa e auditada relativa à performance e posição financeira de uma empresa.

investidos[10]. A informação para tal disponibilizada é essencial como mecanismo de redução das assimetrias de informação entre os diferentes *stakeholders*.

O relato financeiro é pois um elemento fulcral para a avaliação externa da competência dos administradores, sendo a sua fiabilidade um dos requerimentos para que as decisões dos agentes económicos sejam tomadas de forma a otimizar a afetação de recursos, que é (ou deveria ser) afinal, uma das funções centrais dos mercados.

O funcionamento dos mecanismos de controlo da gestão empresarial é bem documentado na literatura da especialidade. O seu papel nas fusões e aquisições e a sua influência em processos litigiosos iniciados por acionistas são bem conhecidos. O reflexo na elaboração de contratos de financiamento é notório. O papel da informação financeira no processo de governo das empresas é um fator de grande relevo no desenvolvimento económico dos países. As regras que são estabelecidas relativamente à proteção dos investidores, e os limites à exploração das vantagens inerentes à condição de *insider* (possuindo informação de melhor qualidade face aos *outsiders*) são muito importantes para o nível de transparência dos mercados e para a correta afetação de recursos.

O objetivo do relato financeiro é o de fornecer informação sobre o desempenho e a posição financeira de uma empresa que seja útil a um vasto leque de utilizadores para avaliarem a competência da administração e para tomarem decisões sobre a afetação de recursos. Trata-se de um objetivo ambicioso, tanto mais complexo de alcançar na medida em que a multiplicação das partes interessadas, a crescente sofisticação das transações económicas e a intensificação da regulamentação contabilística, tornam o relato financeiro um instrumento de informação cada vez menos acessível a não especialistas.

Se a informação financeira tem um papel tão relevante, não será surpresa que existam tentativas de a utilizar em benefício dos que controlam a sua produção e que podem retirar benefícios da sua distorção. Conhecem-se vários casos de distorção desta informação, quase sempre usada como forma de permitir aos *insiders* explorar indevidamente os *outsiders*. Desde os excessos da bolsa de Amesterdão, no século XVII, no que ficou conhecido como a «*tuplimania*», ao surgimento da bolsa de Londres das primeiras bolhas especulativas que aí se verificaram, como a «*South Sea buble*» ou a «*railway mania*». Todas elas partilham um traço comum: a exploração de um público crente por um punhado de especuladores sem escrúpulos. O controlo da informação permitiu aos últimos vender títulos sem qualquer valor a indivíduos que acabaram logrados.

[10] Um dos exemplos clássicos dessa influência traduz-se na remuneração dos gestores parcialmente baseada no atingimento de certos objetivos, medidos pelo sistema contabilístico v. g., lucros, vendas.

Podemos também recordar os escândalos financeiros que sucederam no final da década de 80 do passado século. Michael Milken, Ivan Boesky e outros acabaram presos após cometerem fraudes que envolviam montantes elevadíssimos e que abalaram a credibilidade dos mercados. Parecia, uma vez mais, que a ética estava ausente dos mercados bolsistas, dos gabinetes das administrações das empresas ou dos bancos.

Os anos 90 começaram com uma sensação de mal-estar relativamente ao nível de transparência existente nos mercados financeiros, bem como à adequação dos mecanismos de governo das empresas existentes nas sociedades cotadas. As revelações que então vieram a lume sobre alguns excessos cometidos na década anterior — como a batalha em torno da aquisição da RJR Nabisco — confirmavam o pessimismo acerca do grau de ética vigente nos mercados e nas práticas de governo das empresas.

Porém, em 1995, a oferta pública inicial da Netscape desencadeou uma nova euforia[11]. Esta onda especulativa durou até ao começo de 2000, quando o índice Nasdaq caiu a pique. O credo dessa nova era tinha um nome: «a nova economia». A sensação de que as empresas da «nova economia» estavam a manipular a informação financeira aumentava à medida que a década de 90 se aproximava do fim. Mas a verdadeira extensão do fenómeno só se tornou clara quando aconteceram os desastres da Enron, Worldcom e outros.

Na falência da Enron, uma de suas características marcantes foi o fracasso dos mecanismos de *governance* implantados na empresa. Por que é que tais mecanismos, concebidos para evitar falhas como a da Enron, não funcionaram? Uma possível resposta é que muitas das pessoas envolvidas teriam comprometido a sua independência. Lidar com esses conflitos é importante, e os reguladores devem encontrar maneiras de prevenir casos semelhantes. Embora, sendo a natureza humana o que é, a sua erradicação se nos afigure impossível.

Se o caso da Enron iniciou uma tendência de crescente atenção à variável G (*governance*), a crise financeira de 2008 e as suas sequelas, bem como a crescente consciência acerca dos problemas derivados das alterações climáticas, acrescentaram as variáveis S (*social*) e E (*environment*) constituindo a tríade cuja medição visa proporcionar um *rating* empresarial relativo ao grau de ESG alcançado. E, para as empresas cotadas e os fundos

---

[11] Naturalmente que é muito difícil estabelecer a data precisa para o começo de uma onda especulativa. A Internet e as tecnologias que lhe estão associadas já existiam, mas o efeito de contágio da expansão das chamadas «*net stocks*» nos mercados bolsistas na segunda metade da década de 90 é usualmente ligado à decisão da Netscape em avançar com uma OPV quando não tinha apresentado ainda qualquer lucro e , apesar disso, ter tido uma procura extraordinária por parte dos investidores. Este foi o momento a partir do qual todos os excessos pareceram possíveis.

que detêm larga parte dos seus títulos, «empacotar» esse produto numa aura de investimentos socialmente responsáveis.

Os problemas de construção de indicadores, medição, auditoria e uso deliberadamente enviesado da informação financeira não estão ausentes dos sistemas que visam avaliar a perspetiva associada à ESG.

Como refere a revista *The Economist*[12]: «*The idea behind ESG ratings is to measure how exposed a company is to non-financial risks, and drive its share price and cost of capital accordingly, forcing laggards to shape up–or go out of business. But a lack of reliability, comparability and transparency in what is being measured produce too much noise to provide accurate signals*».

O problema da falta de fiabilidade (*lack of reliablity*) não é diverso do que afeta a informação financeira. Em especial desde que a contabilidade enveredou por medidas, ou modelos valorimétricos (como o justo valor) que assentam numa lógica *forward looking* ou prospetiva e, por falta de preços de mercado relativamente a muitos ativos, dependem da utilização de modelos de *cash flows* descontados. Estes são, como bem se sabe, permeáveis a alterações de pressupostos com impacto profundo nos valores dos ativos e passivos empresariais. A ESG, quanto a outro tipo de medidas, não escapa a uma certa subjetividade de formas de medição[13].

Florian Berg *et al.*, num estudo intitulado «Aggregate Confusion: The Divergence of ESG Ratings»[14] investigaram a notória divergência de classificações ambientais, sociais e de governança (ESG) com base em dados de seis conhecidas agências de classificação: KLD, Sustainalytics, Moody's ESG, S&P Global, Refinitiv e MSCI.

Documentando as divergências de notação pelas diferentes agências classificatórias da ESG, os autores evidenciam vários métodos usados nessa classificação. Em seguida, decompõem a divergência em contribuições de âmbito (*scope*), medida (*measure*) e peso (*weight*).

---

[12] *The Economist*, n.º 9306, «Special Report», july 2022 p. 10.

[13] «*The International Organisation of Securities Commissions (IOSCO), a regulatory body, says there is little clarity on what ESG raters intend to measure and what their methodologies are. It asks whether they suffer conflicts of interest by providing consulting services to companies they rate, and whether they incorporate developing as well as developed-country firms. It notes that the market is largely unregulated. Securities supervisors such as the EU's European Securities and Markets Authority hope to change that.*» *The Economist*, «Special Report», p. 10.

[14] Berg, Florian; Kölbel, Julian and Rigobon, Roberto, «Aggregate Confusion: The Divergence of ESG Ratings» (August 15, 2019). Forthcoming *Review of Finance*, Available at SSRN: https://ssrn.com/abstract=3438533 or http://dx.doi.org/10.2139/ssrn.3438533

A medição contribui com 56% da divergência, o âmbito com 38% e o peso com 6%. Como não é difícil de conjeturar, se a *governance* for quantificada por uma função do tipo:

$$G = g1X1 + g2X2 + ... + gn\,Xn,$$

então a definição das variáveis (X_i) que devem ser incluídas na função, e a ponderação dos respetivos pesos (g_i), determinam um trabalho analítico e opções de construção da função que sempre envolverão uma dose de subjetividade que convém não olvidar. Os problemas de medição, a que os velhos sistemas de mensuração de desempenho nunca escaparam, estão igualmente presentes nos índices de ESG.

Analisando as razões para a divergência de medição, os autores detetam um efeito no qual a «visão geral» de um avaliador ESG sobre uma certa empresa influencia a medição de categorias específicas. Concluindo os autores que os resultados exigem maior atenção à forma como os dados subjacentes às classificações ESG são gerados.

Os gestores de fundos de investimento sublinham que, das três variáveis, a que respeita a E (ambiental) é a que produz, ainda assim, *ratings* ou classificações mais fiáveis. A componente S (social) é mais problemática de medir e, muitos desses gestores, questionam a sua utilidade na forma em que presentemente é quantificada.

A complexidade na atribuição de *ratings* ou pontuações numéricas às opções empresariais relativas a ESG pode sublinhar-se a partir dos seguintes exemplos. Suponha-se que uma certa entidade pretende aumentar o número de pessoas pertencentes a minorias étnicas num Conselho de Administração, de Supervisão ou em cargos de direção de topo. Inclui-se tal medida na componente S da ESG? Na componente G? Ou em ambas? Que peso dar a esta medida, num índice compósito que quantifique um valor global, ou um índice ESG? Caso uma determinada empresa, como por exemplo a Sustainalytics, tenha como uma das suas atividades calcular tais índices, que peso atribuir a esta política empresarial de inclusão?

Claro está que diferentes pesos poderão conduzir a que a empresa adotante da referida medida esteja classificada em diversos níveis (que, por mera hipótese descritiva, vão de A até D, sendo A a melhor classificação ESG). Se os investidores se guiarem por tais métricas, devem estar conscientes de que elas não são imunes a certa dose de subjetividade e possível manipulação.

Num segundo exemplo, admita-se que uma certa entidade investe avultadas somas em atividades de investigação e desenvolvimento (I&D) a fim de reduzir emissões de CO2. Que peso deve ter esta opção num índice ESG? Caso essa proporção seja elevada, não custa antever que pode induzir certa sobrevalorização de tais despesas, designadamente por via da afetação de supostos custos indiretos que se incluiriam nas atividades de I&D.

Não escapa a notação de ESG, neste concreto exemplo, a um problema semelhante ao do tradicional *rating* bancário. Com efeito, a decisão de levar a gastos ou capitalizar despesas de desenvolvimento de novos produtos afeta as demonstrações financeiras e o *rating* bancário, que nelas recolhe boa parte da informação para a construção de índices e da atribuição de notações.

Imagine-se, ainda, que uma determinada empresa toma a decisão de elevar os seus salários em 20% acima do valor médio do setor em que opera. Uma vez mais surge a questão de saber que consideração quantitativa deverá atribuir-se a tal medida num índice ESG dessa entidade. E como medir o impacto desta opção de gestão na produtividade e no bem-estar dos trabalhadores.

Por fim, admita-se que uma outra entidade promove insistentemente o teletrabalho. Deve tal medida incluir-se na componente S, com o fundamento segundo qual tal opção deixa aos trabalhadores mais tempo para tarefas pessoais e familiares? Ou deve também ter impacto na componente E, pois haverá menos deslocações para as instalações físicas da empresa e isso reduzirá gastos com combustíveis fósseis?

A empresa em causa, ao reportar o número de horas de teletrabalho dispõe de uma certa margem de discricionariedade nos critérios usados. E pode usá-la para melhorar o rating ESG. Tal como na ótica do BSC as horas de formação poderiam ser usadas para influenciar a classificação obtida na área de recursos humanos. Enfim, como bem se vê, novos temas que não escapam a velhos problemas de medição. Como refere o «Special Report» que já referimos[15]:

> *To make ESG measurement more effective it must be streamlined. Standard-setters should not impose measurements to satisfy every interest group or asset manager's pet social cause. Instead, they should try to ensure that non-financial disclosures are required only if they are material to an industry. Measures of more general relevance can be disclosed voluntarily, as they are via the Global Reporting Initiative.*

5. Conclusão

Sem dúvida que a ESG está para ficar. Mas não é imune a problemas de definição, medição e manipulação de outros sistemas (contabilidade, *rating* financeiro, BSC e tantos outros) que procuram condensar numericamente o desempenho empresarial, visto por diferentes prismas.

---

[15] *The Economist*, n.º 9306, «Special Report», july 2022 p. 12.

A análise constante do estudo supracitado, «Aggregate Confusion: The Divergence of ESG Ratings», deve servir como um constante lembrete relativo a algum ceticismo que os investidores fariam bem em usar na interpretação dos índices ESG para fins de aplicação de fundos em empresas tidas como socialmente responsáveis.

Tais empresas, como no escrito anterior sobre Rui Nabeiro e o Grupo Delta se realçou, quando juntam à competitividade práticas socialmente responsáveis, têm formas de as evidenciar que dispensam, em larga medida, grelhas classificativas e rotulagens complicadas e que muitas vezes refletem uma imagem dissociada da realidade.

Compreende-se que, nas empresas cotadas, sujeitas a muito maior escrutínio público, e aos possíveis conflitos internos entre diferentes partes (onde se podem incluir investidores com intensas preocupações de ESG) é importante que se divulguem as razões, a extensão e os efeitos de tais práticas.

Não esquecendo, todavia, que a respetiva tradução num indicador numérico é tarefa de elevada complexidade e permeável a manipulação. E que, nisto, não se afasta dos problemas dos velhos sistemas de avaliação de desempenho organizacional.

Investimento e incerteza: Keynes, Hayek e uma viagem ao desconhecido

António Martins

1. As interrogações de Brealey e Myers, nos *Principles of Corporate Finance*

O investimento é uma variável determinante para o crescimento económico. É o investimento que incorpora nas empresas as instalações, os equipamentos, os ativos intangíveis e outros recursos que integram nos processos produtivos os avanços do conhecimento e que permitirão utilizar de forma mais eficiente e eficaz dos recursos disponíveis.

Em economias nas quais o enquadramento institucional — *e.g.*, o sistema político, o funcionamento da administração, a justiça, o respeito pelos contratos — aumenta a incerteza sobre a rendibilidade dos projetos investimento, ou distorce os incentivos à sua realização, será mais difícil, por um lado, atrair investimento e, por outro lado, que o investimento flua para as atividades com maior retorno privado, permitindo ainda, por via da repartição do valor acrescentado, melhorar o bem estar social. Uma economia nessas circunstâncias, com reduzida formação de capital, terá um fraco potencial de crescimento. Pelo contrário, uma economia na qual o investimento é elevado e aplicado em projetos produtivos, poderá entrar num círculo virtuoso[1].

Numa ótica micro, ou empresarial, estão há muito consolidadas as ferramentas de elaboração e análise de projetos. Quer em obras especificamente dedicadas ao tema, quer como partes de manuais de gestão financeira (*financial management*)[2].

---

[1] Alexandre F. (coord)., Bação, P., Carreira C., Cerejeira J., Loureiro G., Martins A., Portela M., (2017), *Investimento Empresarial e o Crescimento da Economia Portuguesa*, Lisboa, Fundação Calouste Gulbenkian, p. 7.

[2] Ver Hitchner J., (2020), *Financial Valuation: Applications and Models*, London, Wiley Ed. ; Berk L. & DeMarzo P. (2020), *Corporate Finance*, N. York, Pearson; Damodaran A. (2011) *Applied Corporate Finance*, N. Jersey, Wiley.

A estimativa de fluxos de caixa, o apuramento do custo do capital ou taxa de desconto, e o cálculo do VAL ou da TIR dos projetos constituem elementos essenciais aprendidos numa licenciatura em Economia, Gestão e áreas afins. Além disso, quem tem formação académica de base em Engenharia, Farmácia, Direito, Biologia, etc. e frequenta, depois, um MBA, é largamente exposto a este tipo de ferramentas analíticas.

Assim, não deixa de causar estranheza que autores, nesta matéria tão consagrados, como Richard Brealey e Stewart Myers, no seu muito difundido manual *Principles of Corporate Finance*[3], no capítulo final intitulado «O que se sabe e o que não se sabe sobre Finanças Empresariais» se interroguem nos termos que a seguir se expressam.

Tenho comigo as edições de 1984 e de 2014[4]. Trinta anos as separam. Em ambas se enfatiza, como seria de esperar, que um projeto de investimento deve apresentar um VAL esperado positivo para justificar a afetação de fundos que financiam os ativos que constituem o investimento a realizar. Mas na parte «do que não se sabe», menciona-se:

a) Porque é que, no mesmo setor de atividade, existem projetos que geram sobre lucros, ou rendas económicas, e outros não?
b) Podem estas rendas ser previstas, ou são meros *windfall gains?*
c) Qual é a origem destes retornos supranormais e durante quanto tempo persistirão até que a concorrência os elimine?
d) Qual o fundamento para o diferente nível de risco dos ativos nos quais se investe?
e) Como se podem gerir as empresas de modo a reduzir o risco de falhanço nos investimentos?

Trata-se, como se vê, de perguntas para as quais as respostas são, para dizer o mínimo, muito difíceis. A razão dessa dificuldade surge claramente se regressarmos a dois autores marcantes da história do pensamento económico: John Maynrad Keynes e Friedrich Hayek.

2. Keynes, Hayek e a incerteza nas decisões de investimento

Diga-se, desde já, que não pretendo misturar as águas, aproximando Hayek de Keynes. O neoliberalismo é hoje uma espécie de bei de Tunis[5]. Rotulando-se muitas vezes de neoliberal tudo o que realce a importância do mercado e que se queira, por isso, combater.

---

[3] Brealey R., Myers S. (1984), *Principles of Corporate Finance*, London, McGraw Hill.

[4] A edição de 2014 tem também como co-autor Franklin Allen.

[5] Tão arrasado como foi descrito por Eça nas *Notas Contemporâneas*, em polémica com Pinheiro Chagas.

Para os hayekianos, declaro que não é meu fito equiparar (buscando nelas traços comuns) as visões de ambos. Seria, para eles, uma opção imperdoável e profanadora do culto do ícone liberal. Entendem geralmente os hayekianos que a mensagem de Keynes permitiu que temas como a justiça social, o crescente papel do Estado, a redistribuição de rendimentos, se afirmassem definitivamente no mercado das ideias políticas, distorcendo completamente os alicerces do que consideram uma sociedade composta por indivíduos livres, e não sujeitos a um crescente poder coercivo do Estado.

O que procuro, dentro de um espírito de alforria intelectual que (porventura com otimismo excessivo) creio dever caracterizar a academia[6] é, partindo de um ponto, que suponho convergente na análise de ambos os autores, buscar razões para a dificuldade inerente a certas decisões de investimento em certas empresas que operam nas economias de mercado.

---

[6] A meu ver, num curso de Economia, deve ensinar-se Smith, Ricardo, Marx, Rosa Luxemburgo, Walras, Marshall, Lenine, Schumpeter, Keynes, Friedman, Popper, Hayek, Stigler, Piketty, e outros considerados figuras centrais do pensamento económico. Em suma, autores que produziram obra influenciadora da análise dos sistemas económicos, e das opções políticas que daí resultaram, independentemente de as suas posições serem perfilhadas pelos extremos ideológicos, qualquer deles. Posso afirmar que julgo ter frequentado, nos anos 80, um curso de Economia norteado por estas linhas.

A atual *«cancel culture»* — de que já vi exemplos — parece-me uma grave distorção aos princípios do livre debate de ideias. Em vez de originar confronto de ideias, cria seitas que pregam para convertidos. Isto é uma tendência mundial no meio académico, em especial nas Ciências Sociais, onde a Economia se inclui.

Quando se expõe a obra daqueles autores, deve quem ensina (sempre apenas a meu ver) tomar uma de duas atitudes: ou traça as linhas gerais do pensamento de cada um, abstendo-se de emitir opinião sobre as que entende como «Corretas, e a perfilhar» e «Incorretas, e indignas de cidadania intelectual»; ou emite opinião sobre as vantagens e desvantagens de cada perspetiva, tentando ser equilibrado nessa avaliação, deixando aos estudantes a ponderação final sobre qual preferem como esquema interpretativo de uma certa realidade.

O que julgo totalmente inapropriado é o proselitismo político descarado numa sala de aulas. Estas não são comícios. Isso corresponde a tomar os alunos como incapazes de pensar pelas próprias cabeças. Este é, em regra, um pressuposto errado, pelo que vi. Quer como aluno, quer em 40 anos de docência.

A evolução recente, a nível mundial, parece-me inquietante. Veja-se a *«University of Chicago Statement on Freedom of Expression»*:

«(...) the University's fundamental commitment is to the principle that debate or deliberation may not be suppressed because the ideas put forth are thought by some or even by most members of the University community to be offensive, unwise, immoral, or wrong-headed. It is for the individual members of the University community, not for the University as an institution, to make those judgments for themselves, and to act on those judgments not by seeking to suppress speech, but by openly and vigorously contesting the ideas that they oppose. Indeed, fostering the ability of members of the University community to engage in such debate and deliberation in an effective and responsible manner is an essential part of the University's educational mission.»

Se tem de se escrever isto, como se não seja inerente à vida universitária...

Esse traço comum radica no facto de tanto Keynes como Hayek sustentarem que as decisões de investimento constituem, essencialmente, uma viagem (ou uma aposta) no desconhecido. Que enferma de enorme risco e inevitável incerteza. E, por isso, a dinâmica económica do capitalismo é marcada por ciclos determinados, em apreciável grau, por excesso ou escassez de investimento.

Claro está que Keynes retira daqui uma consequência marcante do seu pensamento, segundo a qual políticas económicas (tendo o Estado como elemento importante) que proporcionem redução da incerteza, influenciarão a procura efetiva, possibilitando incrementos do investimento e do emprego, com efeitos multiplicadores sobre o bem-estar.

Ao invés, Hayek retira a ilação segundo a qual, dada a complexidade embutida em tais decisões, a mudança e os ciclos económicos são inerentes ao sistema assente no mercado. Esta é, no seu modo de ver, uma das razões pelas quais o planeamento económico socialista estaria votado ao fracasso, pois nenhum planificador teria ao seu dispor um sistema de informação que traduza as inumeráveis preferências individuais. A inevitável incerteza que afeta as decisões presentes tomadas em função de expectativas futuras (investimentos) não é afastável. E, além disso, as políticas intervencionistas do Estado não só não reduziriam tal incerteza como estreitariam cada vez mais a autonomia individual na esfera económico-social. O que, segundo Hayek, mina os fundamentos da liberdade e impõe uma forma de coerção intolerável.

São, pois, duas visões bem distintas.

Tenho para mim que a lógica económico-social de Hayek, aplicada sem limitações, produziria níveis de desigualdade que minariam a legitimidade da ordem social de mercado. As transferências sociais[7], decorrendo de políticas redistributivas, são um dos elementos redutores da desigualdade que emerge na repartição primária do rendimento. Em larga medida, elas contribuem para que a combinação «capitalismo/democracia/Estado social» não tenha, hoje, sistema alternativo visível com hipóteses de substituição a curto prazo. Por outro lado, o keynesianismo é muitas vezes usado como arrimo para um Estado social cujo limite de despesa não se sabe onde poderá suster-se.

No plano das escolhas, não vejo como pode um qualquer programa político, com hipóteses de ser sufragado, assentar, em sociedades democráticas, numa lógica puramente hayekiana. A tolerância aos riscos económicos que afetam a vida dos indivíduos está longe da que decorre da obra de Hayek. Também não consigo prever até onde pode

---

[7] Que Hayek não condena em absoluto mas entende como devendo operar apenas em condições muito mais restritas do aquelas que atualmente se verificam.

ir a carga fiscal que sustente um contínuo crescimento da despesa social que se pode, razoavelmente, prever para as próximas décadas, em especial na Europa.

O dinamismo dos investimentos, a taxa de retorno destes e a forma como esse retorno se distribui entre trabalho e capital foram (e serão) fatores cruciais nessa evolução. Se o investimento é variável charneira, então, e voltando ao tema deste escrito, há que entender como se tomam, e o que influencia, as decisões que o corporizam.

E aqui, como espero mostrar a seguir, há um ponto importante que Keynes e Hayek sublinham a propósito do papel da incerteza nas decisões de investimento em sistemas capitalistas. Embora daí retirem conclusões divergentes sobre opções de política económica.

Vejamos, primeiramente excertos da *Teoria Geral*[8]. Do Capítulo 11, «A propensão para investir»:

> Quando um homem adquire um investimento, ou um ativo de longo prazo, compra o direito a uma série de benefícios futuros, que espera obter da venda da produção, após deduzir os gastos para a obter, durante a vida do ativo. (p.135)[9].

---

[8] Cito de Keynes, J.M., *The General Theory of Employment, Interest and Money*, London, MacMillan Press, 1973. As páginas que surgem no fim de cada excerto citado correspondem a esta edição. A tradução é minha.

[9] Os economistas têm, em geral (há exceções), uma visão da contabilidade segundo a qual ela se resume a fazer «umas continhas». Nada de mais erróneo. Os dados agregados caracterizadores de uma economia são, em larga medida, provenientes de sistemas de informação, dos quais contabilidade é um dos mais importantes.

Além disso, veja-se em seguida (§ 49 e 83) da Estrutura Conceptual do SNC. A definição contabilística de ativo incorpora nos normativos traços claros da teoria económica sobre investimento.

Ou seja, se muitos economistas tendem a minimizar a contabilidade, os organismos de padronização contabilística têm vindo a incorporar nessas normas muitos conceitos económicos. Um diálogo entre as partes, sem os preconceitos sobre a secundarização da contabilidade, será frutuoso para quem utiliza dados provindos da contabilidade. Mesmo a incerteza, tema central a Keynes e Hayek, está presente nas ditas normas.

«SNC – Estrutura conceptual – § 49: Ativo é um recurso controlado pela entidade como resultado de acontecimentos passados e do qual se espera que fluam para a entidade benefícios económicos futuros.

Probabilidade de benefícios económicos futuros

83 – O conceito de probabilidade é usado nos critérios de reconhecimento para referir o grau de incerteza em que os benefícios económicos futuros associados ao item fluirão para, ou de, a entidade. O conceito está em harmonia com a incerteza que caracteriza o ambiente em que uma entidade opera. As avaliações do grau de incerteza ligadas ao fluxo de benefícios económicos futuros são feitas com base nas provas disponíveis aquando da preparação das demonstrações financeiras.»

> A confusão mais importante acerca do significado e importância da eficiência marginal do capital resultou no facto de se compreender que ela depende de um retorno esperado do capital, e não apenas no seu retorno atual. (p. 141)

Do Capítulo 12, «As expectativas de longo prazo»:

> As considerações sobre as quais o retorno esperado depende são parcialmente baseadas em factos existentes, os quais se podem admitir como mais ou menos conhecidos, e também em eventos futuros que podem ser apenas previstos com uma confiança aproximada. (p. 147)
>
> Não há dois fatores que afetem a taxa de investimento, designadamente a taxa de retorno prevista e o estado das expectativas (ou de confiança no futuro). O estado das expectativas é relevante porque é um dos principais elementos determinantes da taxa de retorno, e por isso da procura de bens de investimento. (p. 149)
>
> O facto saliente é o extremo grau de fragilidade da base de conhecimento que subjaz à determinação da taxa de retorno esperada. (p.149)
>
> Investimento baseado em genuínas expectativas de longo prazo é atualmente tão difícil que se pode dizer ser muito raramente praticável. (p. 157)
>
> ...uma larga proporção das decisões empresariais evolvendo investimento depende de um otimismo espontâneo e não tanto de expectativas matematicamente determináveis. Provavelmente muitas dessas decisões, cuja consequências só serão conhecidas a longo prazo, só se levam a cabo como resultado de animal spirits — de uma espontânea propensão para a ação em vez da inação, e não como resultado de uma média ponderada de benefícios esperados multiplicados por uma probabilidade quantificada. (p. 161)
>
> Os pressupostos do estado estacionário (*static state*) que atualmente subjaz a muita da teoria económica, introduzem nessa teoria um elevado grau de irrealismo... É por via da existência de bens de equipamento com duração plurianual que o futuro económico se relaciona com o presente. (p. 146)

Vejamos agora Hayek[10].

---

[10] Cito de Hayek, F. *Individualism and Economic Order*; Chicago, C.U.Press, 1980. As páginas que surgem no fim de cada excerto citado correspondem a esta edição. A tradução é minha.

> *O tema principal é qual o papel das hipóteses sobre o conhecimento detido pelos diferentes membros da sociedade na análise económica. Mas isso não pode ser desligado de outra questão que pode ser discutida sob o mesmo título – saber até que ponto a análise económica formal transmite algum conhecimento sobre o que acontece no mundo real. (p. 33)*
>
> *Tornou-se cada vez mais óbvio que, no tratamento de questões dinâmicas como sejam as flutuações industriais, as suposições relativas à capacidade de previsão e as expectativas desempenham um papel central e que, em particular, os conceitos usados nos campos da análise teórica do equilíbrio económico puro (...) só poderiam ser definidos adequadamente em termos das hipóteses que se admitem relativamente à capacidade de previsão ou antecipação. (p. 34)*
>
> *Qualquer abordagem, como a de grande parte da economia matemática, que parta da suposição de que o conhecimento das pessoas corresponde a factos objetivos de uma situação económica, deixa sistematicamente de lado aquilo cuja explicação é a nossa principal tarefa. Não nego que a análise do equilíbrio tem uma função útil a desempenhar. Mas quando chega ao ponto em que leva alguns dos principais pensadores a acreditar que a situação que descrevem tem relevância direta para a solução de problemas práticos, é hora de lembrarmos que o equilíbrio não lida com o processo social, e que não é mais do que uma útil introdução ao estudo do problema principal. (p. 91).*
>
> *Vale, talvez, a pena salientar que os problemas económicos surgem sempre e só em consequência da mudança. (p. 82)*
>
> *O verdadeiro problema não é se obteremos mercadorias ou serviços a determinados custos marginais, mas principalmente por meio de quais mercadorias e serviços serão satisfeitas as necessidades das pessoas, de maneira mais barata. A solução do problema económico da sociedade é, a esse respeito, sempre uma viagem de exploração ao desconhecido, uma tentativa de descobrir novas maneiras de fazer as coisas melhor do que antes. Isso deve permanecer assim enquanto houver quaisquer problemas económicos para serem resolvidos, porque todos os problemas económicos são criados por mudanças imprevistas, que requerem adaptação. Só o que não previmos e cuidámos requer novas decisões. (p. 100–101)*

Como se observa, a incerteza enfrentada, num plano micro, é o fundamento essencial que Keynes e Hayek sublinham para explicar a volatilidade[11] do investimento agregado.

---

[11] Se os ativos inicialmente aplicados num projeto de investimento pudessem ser, em qualquer momento futuro, alienáveis sem grandes custos, a volatilidade reduzir-se-ia. Todavia, a rigidez observada no

Essa incerteza é vivida pelos decisores mas, como é bom de ver, reflete-se nos agregados económicos. Modelizar o investimento a nível macro, mesmo assumindo que se procuram regularidades estatísticas explicativas (floresta) e não as particularidades da cada projeto empresarial (árvore) não é exercício que usualmente dê resultados muito satisfatórios.

Porém, como ambos os autores enfatizam, o investimento constitui o mecanismo económico essencial através do qual as expectativas sobre o futuro se refletem em decisões tomadas no presente. É elemento de ligação crucial no contínuo fluir temporal da atividade económica.

Claro que um investimento de expansão de um hotel, para tomar este exemplo, não tem, em regra, o grau de incerteza que aqui se realça. Não é, ou é em menor escala, uma viagem ao desconhecido. Porém, se considerarmos os investimentos que estruturaram o modo de vida das sociedades atuais — automóvel, aeronáutica, farmacêutica, eletricidade, eletrónica, agroindústria, química, etc. — eles tiveram (e têm) como inerente um enorme grau de incerteza. Os seus benefícios futuros são impossíveis de prever com razoável aproximação.

Os *animal spirits* de Keynes podem servir para justificar por que se criaram as Microsofts, as Pfizers, ou as Fords deste mundo. Modelizar os *animal spirits* é, contudo, algo que a economia dificilmente consegue. É, na verdade, como aponta Hayek, uma viagem no desconhecido, mas da qual (ou melhor, da soma dessas viagens) depende em larga medida o dinamismo económico de uma sociedade, e a consequente obtenção de um excedente que, em função de escolhas políticas, terá uma determinada distribuição.

É um problema velho de séculos. Os sistemas planificados e autoritários (*e.g.*, ex-URSS, Cuba) não conseguiram resolvê-lo; e destruíram a liberdade individual. O capitalismo, talvez por uma certa capacidade de adaptação e auto-preservação, vai sobrevivendo a este sistemático desafio ou ameaça. Sempre no fio da navalha perante crises financeiras, e muito questionado sobre a justeza da repartição do rendimento.

3. Ainda as *expectativas* em autores tão distintos quanto Marx e Knight

A desorganização (ou as flagrantes contradições económicas) do processo de produção capitalista constitui um dos pontos chave do *Capital*. Como refere Ernest Mandel no

---

investimento, tornando «ilíquidos» muito dos seus componentes e dificultando a reversibilidade de tais decisões, induz, como se compreende, maior volatilidade.

Prefácio ao Volume 2 do *Capital*[12], «*Volume 1 indicates why capital, by its very essence, is value in perpetual search of additional value... the unquenchable thirst for surplus-value is the fundamental motor of economic growth, technological revolution, research and development, improvement in communications, third world aid, the sales drive and market research.*»

E, noutra passagem do mesmo prefácio (p. 74), escreve que os fatores que comandam o cálculo dos lucros são: a disponibilidade do capital financeiro, uma alta das *expectativas* da taxa de lucro, e a *expectativa*, ou antecipação, de uma expansão do mercado.

Como bem se sabe, o corolário da análise efetuada no *Capital* consiste na inevitabilidade de o capitalismo sucumbir, por via das sucessivas crises que o assolam e vão alargando as fileiras de um proletariado miserável. Porém, o que quero sublinhar é que mesmo na perspetiva marxista, obviamente não apologética da vitalidade do capitalismo e da eficácia informacional do sistema de preços de mercado (a conceção de Hayek), nem dos mecanismos que o poderiam salvar, possibilitando um maior controlo dos efeitos dos ciclos económicos no emprego e no rendimento (a ótica keynesiana), as expectativas serem também realçadas.

Num outro polo (considerando o lucro, ou que hoje se designaria por taxa de retorno dos investimentos) como elemento essencial indutor do progresso económico, Frank Knight[13] sustentava, em 1921, que tal lucro é, antes de mais, um prémio para o risco suportado pelo empresário. No que está próximo do que se ensina nos manuais de finanças empresarias, quando se afirma que um investimento deve apresentar uma TIR superior ao custo do capital.

Afirma Knight que o ponto essencial que relaciona incerteza e lucro é a alteração no valor dos ativos. E que a concorrência por ativos de produção é baseada em expectativas (*antecipations*). Na perspetiva de um empresário, não há forma de probabilizar eventos futuros, reduzindo a aleatoriedade dos efeitos económicos. E remata: «*Business judgement is chiefly judgement of men.*»[14]

É o capitalismo um sistema inerentemente instável? É, e muito em razão da natureza do processo de investimento que neste escrito se descreve. Entre a previsão de inevitável derrocada (Marx) e um sistema que otimiza a atividade humana e produz resultados económicos e sociais naturais e por isso não devendo ser corrigidos (Hayek), creio que a análise de Keynes se revelou mais judiciosa.

---

[12] Cito de Marx K. *Capital, Volume 2*, London, Penguin Books, 1985, p. 77.

[13] Cito de Knight F. *Risk, Uncertainty and Profit*, New York, A. Kelley ed. 1964.

[14] P. 291.

Será um dia o capitalismo substituído por um sistema melhor? Talvez a melhor resposta seja um dito de Keynes, a propósito de previsões a longo prazo: *We simply do not know*[15].

O que pode por fim dizer-se sobre o modo como os executivos de empresas complexas e globalizadas decidem sobre investimentos? Como é que, apesar de tudo, encontram uma bússola nessa viagem no desconhecido?

4. A perplexidade de Brealey e Myers perante a perspetiva de Keynes e Hayek: estará a resposta na psicologia?

Mencionarei duas notas finais, que nos chegam da psicologia. Uma que nega a racionalidade postulada pela teoria financeira e enfatiza fatores não racionais em tais decisões. A outra, que sublinha o papel do instinto, já se aflorou no «Elogio a Rui Nabeiro», que consta deste livro.

Constituem, talvez, duas razões, convergindo nas que Keynes e Hayek mencionam, para que a perplexidade de Brealey e Myers continue a persistir em futuras edições do respetivo manual.

A teoria financeira tradicional procura estudar e descrever o comportamento dos preços dos ativos nos mercados financeiros, utilizando modelos que se baseiam na racionalidade dos agentes. Neste contexto, racionalidade significa que os investidores tomam as suas decisões com base nos princípios da teoria da utilidade esperada, são motivados por incentivos materiais e acreditam que realizam estimativas não enviesadas dos valores futuros das variáveis desconhecidas.

No entanto, o pressuposto da racionalidade foi posto em causa pelos autores da escola designada por *«behavioral finance»*, através de estudos empíricos demonstrativos de que os investidores realizam escolhas que não estão de acordo com os postulados da teoria da utilidade esperada, cometendo erros cognitivos no processo de tomada de decisões de investimento, o que se reflete nos preços dos títulos. Em alternativa, estes autores desen-

---

[15] Keynes J. M. «The general theory of employment», *Quarterly Journal of Economics*, vol. 51, No. 2 (Feb, 1937), pp.209-223.

«The sense in which I am using the term is that in which the prospect of a European war is uncertain, or the price of copper and the rate of interest twenty years hence, or the obsolescence of a new invention, or the position of private wealth-owners in the social system in 1970. About these matters there is no scientific basis on which to form any calculable probability whatever. We simply do not know.»

volveram a teoria prospetiva, que procura analisar as atitudes dos indivíduos nas suas decisões de investimento em ambiente de incerteza[16].

Os agentes que atuam nos mercados financeiros são humanos e o seu comportamento é impregnado de crenças, preconceitos e inúmeros desvios que os afastam da chamada racionalidade defendida pela «*standard finance*». Como refere Hirshleifer (2001:1542): «*Man is neither in faculties, not in apprehension like a god. Nor is human fallibility shed at the doorstep of the stock exchange.*»[17]

Por outro lado, ser humano está permanentemente sujeito a cometer erros, e os gestores de carteiras de investimentos e os investidores individuais cometem os mesmos erros, repetidamente. Esta constatação foi há muito documentada por Kahnemam, Slovic e Tversky (1982)[18].

Em suma, esta visão conduz a uma reavaliação dos fundamentos da teoria financeira e a questionar se as ferramentas matemáticas de que esta se serve têm alicerces coerentes com o comportamento humano observado. As decisões de investimento não escapam a esta limitação, daí que seja tão difícil responder às perguntas de Brealey e Myers sobre «o que não se sabe» acerca das finanças empresariais. Em especial sobre investimentos.

Realçando o papel da natureza humana nos processos de decisão, repita-se, aqui, o que no «Elogio a Rui Nabeiro» se citou:

> Quando um executivo me apresenta uma proposta de aquisição de uma outra empresa os números são sempre fantásticos... E são-me descritas todas as razões pelas quais seria uma boa aquisição. Mas é nesse ponto — quando tenho uma quantidade enorme de informação quantitativa que já foi analisada por pessoas muito inteligentes — que procuro merecer o que me pagam. Porque vou avaliar toda essa informação e saber, intuitivamente, se é um bom ou mau negócio.

Em conclusão, por mais fases e mecanismos formais de decisão que um projeto de investimento possa percorrer, quando se trata de aplicar fundos em produtos ou serviços verdadeiramente inovadores, não há modo de escapar a uma viagem ao desconhecido.

---

[16] Ver Fernandes, C. e Martins, A. (2002) «A teoria financeira e a psicologia dos investidores: uma análise empírica», *Estudos de Gestão – Portuguese Journal of Management Studies, Revista do Instituto Superior de Economia e Gestão-UTL*, 2002, Vol VII, 1, p. 43-76.

[17] Hirshleifer, D., 2001, «Investor psychology and asset pricing», Journal of Finance 56, n.º 4, 1533-1597.

[18] Kahneman, D., Slovic, P. and Tversky, A., 1982, *Judgement Under Uncertainly: Heuristics and Biases*, Cambridge University Press.

Na qual a *inner voice*, ou a intuição acabam, afinal, por constituir a base de decisões que determinam o futuro de indivíduos, organizações e comunidades. Estamos muito perto do que Knight afirmou: «*Business judgement is chiefly judgement of men.*»

São viagens ou percursos, por vezes sem roteiro, que correspondem porventura às decisões mais difíceis que, sendo tomadas num plano individual ou organizacional (o ponto focal de Hayek), afetam sobremaneira o desenvolvimento e a estabilidade económico-social (centrais ao pensamento de Keynes)[19].

Essas viagens ao desconhecido, com o seu cortejo de êxitos e fracassos, não resolverão as inquietações de Brealey e Myers. Porém, sem aquelas viagens, nunca o dinamismo económico do capitalismo seria possível.

---

[19] O contraponto entre os efeitos das decisões empresariais nestes mesmos dois planos pode encontrar-se em obras de autores como Schumpeter.